기독교
교리
이야기

기독교 교리 이야기

이광호

Christian Doctrine

선한청지기

머리말

　교리는 교회를 결정짓는 매우 중요한 시금석입니다. 교리가 바르면 교회도 바르게 되고, 교리가 잘못되면 교회도 잘못되게 됩니다. 교리가 옳으면 교회도 옳고, 교리가 옳지 않으면 교회도 옳지 않게 됩니다. 교리가 약하면 교회도 약했고, 교리가 강하면 교회도 강했습니다. 교리가 세워지면 교회도 세워지고, 교리가 무너지면 교회도 무너졌습니다.

　교리의 유무는 교회의 유무이며, 교리의 바르고 그름은 교회와 성도들의 건강함과 타락함을 결정짓습니다. 교회와 성도의 사활(死活)이 정해지는 문제이며, 교회의 현재와 미래의 방향이 결정지어지는 문제이기도 합니다. 때문에 올바른 교리의 교육은 반드시 있어야 하고, 지속되어야 하고, 지켜져야 합니다. 교회는 교리를 지속적으로 가르쳐야 하고, 성도는 교리를 지속적으로 배워, 신앙과 교회를 교리 위에 든든히 세워가야 합니다.

이전에 우리 선조들은 교리교육을 중요하게 생각했습니다. 교리교육을 우선으로 삼았습니다. 그래서 주일학교에서 교리를 가르쳤습니다. 새신자에게 교리를 가르쳤습니다. 종교개혁자들이 교리교육을 강화했고, 청교도들이 교리교육을 철저하게 지켰습니다. 우리 한국교회도 초기 시작할 때는 교리교육을 당연하게 여겼고, 철저하게 가르쳤고 배웠습니다. 그것이 한국교회의 든든한 기초가 되었습니다.

　교회가 부패한 시대는 언제나 교리를 버린 시대였습니다. 교회가 타락하고 변질된 시대에는, 항상 교리가 변질된 시대였습니다. 이러한 시대는 언제나 교회는 타락하고 부패하고 무너졌고, 맛을 잃은 소금이 되어 세상에 버려져 비참하게 밟혔습니다. 지금 이 시대는 어떻습니까? 작금의 시대에도 교리가 변질되고 무시되고 버려지면서 교회와 성도들이 무너지고 있지 않습니까? 지금 교회의 교리는 무엇이며, 진정한 교리는 어디에 있습니까?

　바른 교회라면 마땅히 성경적 바른 교리(敎理)를 가지고 있어야 하며 가르쳐야 합니다. 성도들에게 부지런히 가르쳐야 하며, 다음 세대를 책임질 자녀들에게도 부단히 가르쳐야 합니다. 교회에 새신자들에게 올바른 교리(敎理)를 처음부터 가르쳐서 그들로 바른 신앙을 가지고 시작하게 해야 합니다. 그리고 그 신앙으로 살게 해야 합니다. 그것이 정상적인 교회의 일이며 사명입니다. 그것이 혼란하고 혼탁하고 타락한 이 세상에서 교회를 지키고 성도들을 지키는 길입니다.

지금 우리는 교회와 성도들이 비참하게 무너져가고 있는 모습을 처참한 심정으로 바라보고 있습니다. 왜인지 깊이 생각해야 합니다.

미력하나마 이 책은 이 일을 돕고자 마련되었습니다. 가능한 한 어떻게 하면 평신도들이 쉽게 교리에 접근할 수 있고, 또한 가르치는 인도자들이 어떻게 쉽게 교리를 가르칠 수 있을까를 고민하면서 내용을 정리했습니다. 작금의 목회자와 교회와 성도들에게 조금이나마 도움이 된다면 그보다 더 큰 기쁨이 없을 것입니다. 우리 주의 성령께서 도우셔서 교회와 성도들의 세워짐에 작은 도구가 되기를 간절히 기도합니다.

주후 2024년 5월
인천 신현동에서
주님의 작은 종 이광호

차례

머리말 _5

서론

서론 1	교리란 무엇인가?	_14
서론 2	교리는 어떻게 세우나?	_17
서론 3	교리의 내용	_20
서론 4	교리의 기능	_24
서론 5	바른 교리 분별	_27
서론 6	꼭 배워야 하나?	_30
서론 7	종교	_33
서론 8	종교의 자리	_35
서론 9	참 종교, 거짓 종교	_37
서론 10	계시(啓示)	_40
서론 11	계시(啓示)의 종류	_43
서론 12	일반계시	_46
서론 13	특별계시	_49
서론 14	특별계시 방법	_52
서론 15	유일한 특별계시 성경	_55
서론 16	완전한 성경	_58
서론 17	성경의 영감	_61
서론 18	성경의 목적	_64
서론 19	성경의 효과	_68
서론 20	성경을 어떻게?	_71

신론

- 신론 1   하나님 _76
- 신론 2   하나님을 어떻게 알지? _79
- 신론 3   하나님의 명칭 _82
- 신론 4   하나님의 속성(屬性) 1 _85
- 신론 5   하나님의 속성 2 _88
- 신론 6   삼위일체 _92
- 신론 7   하나님의 작정 _96
- 신론 8   하나님의 예정 _99
- 신론 9   하나님의 창조 _102
- 신론 10   하나님의 섭리(攝理) _105

인간론

- 인간론 1   인간의 구조 _110
- 인간론 2   하나님 형상, 인간 _113
- 인간론 3   행위언약 속의 인간 _115
- 인간론 4   죄 _118
- 인간론 5   죄의 본질 _121
- 인간론 6   죄의 보편성 _124
- 인간론 7   속죄(贖罪)언약 _127
- 인간론 8   속죄언약의 예수 _130
- 인간론 9   은혜언약 _133
- 인간론 10   은혜언약의 특징 _136

기독론

- 기독론 1   예수님의 명칭 _140
- 기독론 2   그리스도의 성질 _145
- 기독론 3   그리스도의 신분 1 – 비하(卑下) _148
- 기독론 4   그리스도의 신분 2 – 승귀(昇貴) _151
- 기독론 5   그리스도의 직임(職任) _154
- 기독론 6   그리스도의 속죄(贖罪) _157
- 기독론 7   속죄의 목적(目的) _160

구원론

구원론 1	성령의 일반사역	_166
구원론 2	특별사역과 소명(召命)	_169
구원론 3	중생(重生)	_172
구원론 4	회심(回心)	_175
구원론 5	회개(悔改)	_178
구원론 6	신앙(信仰)	_181
구원론 7	신앙(信仰)으로 얻는 복	_184
구원론 8	칭의(稱義)	_187
구원론 9	칭의(稱義)의 요소(要素)	_190
구원론 10	칭의(稱義)의 영역	_193
구원론 11	성화(聖化)	_195
구원론 12	성화(聖化)의 특징	_198
구원론 13	성화(聖化)의 이유	_200
구원론 14	성화(聖化)의 필요성	_202
구원론 15	성화(聖化)의 과정	_204
구원론 16	성화(聖化)의 도구	_207
구원론 17	성도의 견인(堅忍)	_210

교회론

교회론 1	교회(敎會)	_214
교회론 2	교회(敎會)의 개념 1	_217
교회론 3	교회(敎會)의 개념 2	_220
교회론 4	교회(敎會)의 개념 3	_223
교회론 5	교회(敎會)의 성질	_226
교회론 6	교회(敎會)의 속성	_229
교회론 7	교회(敎會)의 표지	_232
교회론 8	교회(敎會)의 본질	_235
교회론 9	교회(敎會)의 오해	_238
교회론 10	교회(敎會)의 활동	_241
교회론 11	교회(敎會)와 성도	_245

교회론 12   제자 _248
교회론 13   제자도 _251
교회론 14   제자 훈련 _254
교회론 15   교회의 정치 _257
교회론 16   교회의 권세 _260
교회론 17   교회의 권세 사용 _263
교회론 18   은혜의 수단 _266

종말론

종말론 1   개인 종말 _270
종말론 2   우주적 종말 _273
종말론 3   종말의 예언 _276
종말론 4   종말의 징조 _279
종말론 5   재림의 모습 _282
종말론 6   재림의 목적 _285
종말론 7   최후 심판의 양상 _288
종말론 8   심판 후의 상태 _291
종말론 9   종말에 조심할 일 _294
종말론 10 종말에 준비할 일 _297

서론

서론 1

교리란 무엇인가?

　교회는 교리에 따라서 결정됩니다. 교리가 어떠냐는 곧 그 교회가 어떠냐와 다름이 아닙니다. 그러므로 교회에 있어서 성경적 올바른 교리를 가지고, 그 교리를 부지런히 가르치고 배운다는 것은 매우 중차대한 일입니다. 정상적이고 올바른 교회됨을 위해서, 정상적이고 올바른 교리를 소유하고 가르치는 것은 교회가 절대 포기할 수 없는 일이며, 양보할 수도 없고 타협할 수도 없는 사역이며 사명입니다. 그렇다면 교리란 무엇입니까?

첫째, 진리의 뼈대

　교리는 진리의 뼈대입니다. 진리는 성경이며, 성경은 창조주 하나님께서 우리에게 주신 유일한 특별계시, 하나님의 말씀입니다. 이 성경을 따르는 것이 인생의 유일한 살 길이며, 교회가 살고, 가야 할 유일한 길입니다. 이 성경을 하나님께서 사용하신 탁월한 신학자들이 주제별로 정리해 놓은 진리의 뼈대이며 총체가 바로 교리입니다. 그러므로 교리는 교회와 성도들의 신앙과 삶을 세우는데 없어서는 안 될 중요한 기초이며 뼈대가 됩니다.

둘째, 교회 공동체가 공유할 핵심

교리는 내적으로 교회 공동체가 선포하고, 고백하고, 가르치고, 순종하며 공유해야 하는 교회의 핵심입니다. 그 교회의 DNA입니다. 그러므로 교회 안에서 이 교리를 부지런히 가르치고, 성도들로 순종하게 해야 합니다.

셋째, 세상에 대해 선포할 진리

교리는 교회가 세상에 선포할 진리입니다. 교회가 세상과 어떻게 다른지를 선포하는 내용입니다. 교회가 세상에 무엇을 전하는지를 알리는 것입니다. 교회가 진리를 교회 안에서만 소유하는 것은 하나님의 뜻이 아닙니다. 듣든 안 듣든, 믿든 안 믿든, 교회는 세상에 진리를 선포해야 합니다. 하나님이 누구시며, 우리는 누구인지, 그리고 세상은 무엇이고, 그 마지막은 어떻게 되는지를 밝히 선포해야 합니다. 이것은 교회가 주님께 받은 사명입니다. 이 사명을 가지고 교회가 세상에 선포해야 하는 진리의 체계가 바로 교리입니다.

넷째, 교회가 사수해야 할 신앙

교리는 교회와 신자가 죽기까지 사수(死守)해야 할 신앙입니다. 교리는 신자가 이 세상에서 신앙을 지키기 위해서 소유하고 살아야 할 진리의 체계이며 신앙의 뼈대입니다. 이것을 포기하거나 양보한다면 이미 교회이기를 포기한 것이며, 신자이기를 내어 버린 것입니다. 교회와 신앙이 세워지지 않습니다. 지켜지지 않습니다. 세상에 동화됩니다. 세속화되어 함께 탈선하고 타락하게 됩니다. 교리는 세상의 세속으로부터 교회를 지키고 방어하는 교회의 중요한 무기이기도 합니다.

교리(敎理)란 교회가 소유하는 진리의 체계이고, 동시에 이 세상에 밝히 선포하는 진리의 핵심입니다. 교회는 이것을 주님 오시는 날까지 가르치고 선포하고 사수해야 합니다. 교회와 성도와 신앙의 지킴이 여기에서 좌우됩니다.

서론 2

교리는 어떻게 세우나?

교회는 교리에 따라서 결정됩니다. 교리가 어떠냐는 곧 교회가 어떠냐와 다름이 아닙니다. 그러므로 교회에 있어서 성경적 교리를 가지고, 그 교리를 부지런히 가르치고 지키게 하는 것은 매우 중차대한 교회의 사명입니다. 이것은 정상적이고 올바른 교회됨을 위해서 교회가 절대 포기할 수 없는 일이며, 양보할 수 없고 타협할 수도 없는 사역입니다. 그렇다면 교리는 어떻게 세워지는 것입니까?

첫째, 성경

교리는 성경에 의해서 세워집니다. 교리는 성경을 주제별로 정리해 놓은 진리의 총체입니다. 그렇기 때문에 교리를 바로 세우기 위해서는 먼저 특별계시인 성경으로 세워야 합니다. 성경을 저버리고 세워진 교리는 올바른 교리가 아닙니다. 주로 이단이나 사이비들이 세운 교리가 바르지 못한 이유가 여기에 있습니다. 바른 교리는 오직 성경에 의해 세워진, 성경으로부터 나온 교리입니다. 그래야 교회를 바로 세우는 교리가 될 수 있습니다.

둘째, 성령

　교리는 성령의 역사를 따라 세워집니다. 보혜사 성령께서는 하나님의 말씀인 성경을 생각나게 하시고, 성취하게 하시는 분이십니다. 모든 시대의 교회가 한 성경과 한 성령의 역사하심으로 세워지는 것입니다. 수많은 신학자들을 성령께서 사용하셔서 교리를 세우게 하신 것입니다. 그동안의 세월 속에서 올바른 교리가 세워짐에도 성령의 역사가 있었습니다.

셋째, 바른 신학자

　교리는 하나님께서 사용하신 검증된 바른 신학자들에 의해서 세워집니다. 지금까지의 역사 속에서 바울, 어거스틴, 칼빈, 존 오웬, 조나단 에드워드, 루이스 벌콥, 박형룡 등 하나님께서 사용하신 수많은 탁월한 성경적 신학자들에 의해서 교리가 정리되고, 체계화되고 세워져 왔습니다. 이 일 또한 성령께서 역사하신 일입니다.

넷째, 역사

　교리는 역사를 통해서 검증되어 세워집니다. 교회는 이미 수천 년이 넘는 장구한 역사를 가지고 있습니다. 역사 속에서 어느 것이 성경적이었고, 어느 것이 비성경적인 것이었는지가 드러났습니다. 무엇이 맞고 틀렸는지가 증명되었습니다. 역사를 통해서 옳다고 증명된 것이 올바른 교리입니다. 시대의 유행에 따라서 변하고 바뀌는 것은 올바른 교리가 될 수 없습니다. 왜냐하면 성경은 변하지 않으며, 성령도 변하지 않기 때문입니다. 오직 변함이 없는 성경과 성령의 역사 속에서 검증된 교리만이 참된 교리인 것입니다.

교회는 성경과 성령과 역사 속에서 검증되고 증명된 정통교리를 바르게 소유하고, 가르쳐 지키게 해야 합니다. 이것은 중차대한 사명입니다. 특히 타락과 방탕한 시대에는 더욱 중차대한 사명입니다. 우리는 선조들이 가르치고 배우고 선포하고 사수했던 그 교리를 그대로 물려받아서 지금 가르치고 배우고 선포하고 사수해야 합니다.

서론 3

교리의 내용

    교리는 성경으로 세워야 합니다. 성경을 떠난 교리는 바른 교리가 아닙니다. 또한 교리는 성령님의 역사(役事)하심으로 세워져야 합니다. 그 교리는 역사(歷史)를 통해서 옳고 그름이 검증된 것이어야 합니다. 바른 교리는 성령께서 성경으로 세워지도록 반드시 역사하시기 때문입니다. 그렇다면 교리는 어떤 내용을 담고 있습니까? 교리는 성경을 주제별로 정리해 놓은 것입니다. 우리가 꼭 알아야 할 내용입니다.

1. 서론(序論)

    먼저 서론이 있습니다. 서론에서는, 교리란 무엇이며, 종교란 무엇인지, 또한 계시가 무엇이며, 계시에는 어떤 것들이 있는지, 그리고 그 계시 중에 특별계시인 성경은 무엇인지를 밝힙니다. 우리는 종교란 무엇이며, 계시는 무엇인지 정확하고 분명하게 알아야 합니다.

2. 신론(神論)

신론입니다. 신론은 신구약 성경에서 계시하시는 삼위일체 하나님에 대한 내용을 모아서 정리해 놓은 것입니다. 하나님의 속성과 성품, 계획과 하신 일 등 하나님은 어떤 분인지를 밝힙니다. 신론을 통해 하나님을 알게 됩니다. 우리는 하나님을 바로 알아야 합니다. 왜냐하면 우리는 이 하나님으로부터 나왔기 때문입니다. 하나님을 알지 못하면, 그 다음에는 무엇을 알아도 아는 것이 아닙니다.

3. 인간론(人間論)

다음은 인간론입니다. 인간론은 성경을 통해 계시된 인간은 어떤 존재인지를 정리해 놓은 것입니다. 우리는 인간이면서도 정작 인간이 어떤 존재인지를 정확하게 모릅니다. 그래서 우리 인생이 방황합니다. 그러나 인간을 지으신 창조주 하나님은 인간을 가장 잘 아십니다. 우리는 이 성경에서 말하는 인간론(人間論)을 통해서 우리가 누구인지를 정확하고 바르게 알아야 합니다. 왜냐하면 우리는 인간이기 때문입니다.

4. 기독론(基督論)

성경을 통해서 말씀하시는 예수 그리스도는 어떤 분인지를 밝히고 있습니다. 우리는 하나님의 아들이시고, 우리의 왕이시며 구원자이신 예수 그리스도를 바로 알고, 바르게 믿어 따라야 합니다. 왜냐하면 예수 그리스도께서 바로 우리의 왕이시며 주인이시기 때문입니다. 예수님을 바로 알지 못해서 탈선하는 것입니다.

5. 구원론(救援論)

다음은 구원론입니다. 또는 성령론이라고도 합니다. 구원론에서는 우리가 가지고 있는 죄는 무엇이며, 그 죄의 결과인 사망, 영원한 멸망이 무엇이며, 그것에서 우리가 어떻게 구원을 얻을 수 있는지를 안내하는 구원에 관한 성경의 내용을 정리해 놓은 것입니다. 우리는 이 구원의 내용과 과정을 바로 알아야 합니다. 왜냐하면 우리는 구원을 얻어야 하기 때문입니다.

6. 교회론(敎會論)

교회론은 우리가 구원을 얻고 나서, 이 세상에 사는 동안에 무엇을 하며 살아야 할지를 밝히고 있는 내용입니다. 우리의 사명과 사역이 무엇인지, 어떻게 감당해야 하는지를 정리해 놓은 것입니다. 우리는 이 내용을 바르게 배워서 소유해야 합니다. 왜냐하면 우리에게는 사명이 있습니다. 또한 우리의 인생은 빈 공간이 아닙니다. 바른 것으로 채우지 않으면 그른 것으로 채워지기 때문입니다.

7. 종말론(終末論)

마지막으로는 종말론입니다. 종말론은 이 세상도, 우리 자신도 종말이 있고, 세상의 모든 것은 다 마지막 종말이 있다는 것을 밝히고 있습니다. 어느 누구든지 마지막 죽음의 종말을 맞게 됩니다. 지금 우리가 살고 있는 이 세상도 마지막 종말이 있습니다. 그 종말의 날은 다 가오고 있습니다. 그리고 그 후에는 하나님의 준엄한 심판이 있습니다. 천국의 영생과 지옥의 영벌이 있습니다. 이 마지막 종말이 어떻게 오며 어떻게 준비해야 하는지를 종말론에서 밝힙니다.

 교리는 이 일곱 가지 내용으로 되어 있습니다. 이 내용을 바로 알아야 올바른 신앙생활을 하게 되고, 올바른 인생을 살게 되며, 올바른 내세를 준비하게 됩니다.

서론 4

교리의 기능

우리는 성도로서 기독교교리를 왜 배워야 합니까? 교회는 무엇 때문에 성도들에게 기독교교리를 가르쳐야 합니까? 왜 교리를 가르치고 배우는 것이 그렇게 중요한 것입니까? 교리의 기능은 무엇입니까?

첫째, 기초
교리는 그리스도인의 전(全)인생에서 신앙과 삶의 기초가 됩니다. 기초가 튼튼하면 건물도 튼튼하게 되고, 기초가 없거나 부실하면 건물도 부실하거나 쓰러지게 됩니다. 마찬가지로 교리는 기초입니다. 교리가 든든하면 교회와 신앙과 성도의 전(全)인생이 든든하게 됩니다.

둘째, 뼈대
교리는 성경의 뼈대입니다. 우리 기독교신앙의 뼈대입니다. 성도 인생의 뼈대입니다. 골다공증이나, 고관절의 문제나 뼈대에 문제가 생기면 삶이 어렵게 됩니다. 생명을 잃게 되기도 합니다. 건물을 건축할 때에도 뼈대가 부실하면 건물도 부실하게 됩니다. 교리는 교회와 그리스도인의 신앙과 인생의 뼈대입니다. 교리가 튼튼할수록 교회와 성도가 튼튼합니다.

셋째, 나침반

세상은 거친 풍랑이 이는 바다입니다. 세찬 모래바람이 몰아치는 광야입니다. 이런 세상에서 방향을 잃지 않고 바르게 가게 하는 나침반이 절대 필요합니다. 바로 교리가 나침반입니다. 교리가 없으면 방향을 잃고 방황하게 됩니다. 교리가 틀리면 엉뚱한 곳으로 가게 됩니다. 바른 교리는 바른 나침반 역할을 합니다. 우리는 이 나침반을 가지고 앞으로 나아가야 합니다.

넷째, 도구

교리는 우리 인생과 신앙을 쉽게 하도록 돕는 도구입니다. 교리를 가지고 살면 신앙과 인생이 훨씬 쉬워집니다. 모든 상황에서 쉽게 분별하고 이기게 하고 승리하게 합니다. 이 도구의 있고 없음은 큰 차이로 나타나게 됩니다.

다섯째, 시금석

교리는 진위를 가리는 시금석입니다. 옥석을 가리는 시금석입니다. 이 세상에 있는 모든 것이 다 바른 것이 아닙니다. 모든 교회가 다 올바르다고 말할 수도 없습니다. 가짜도 많습니다. 무엇으로 분별을 할까요? 바로 바른 교리가 옥석과 진위를 가리는 시금석 역할을 하게 됩니다.

여섯째, 하나님 영광

하나님의 영광을 위해 사는 것은 교회와 성도의 존재 이유입니다. 창조 목적입니다. 성경적 바른 교리는 하나님의 영광을 드러내며 살도록 교회와 성도를 이끌어 갑니다. 바른 교리는 하나님의 영광을 드러내게 합니다. 잘못된 교리는 하나님의 영광을 가리게 합니다. 수많은 성도들이 바르지 못한 교리를 가지고 살면서 오히려 하나님의 영광을 가리며 살고 있습니다. 애석한 일입니다.

교리는 위의 기능을 가집니다. 위의 내용을 성취하게 합니다. 올바른 교리가 올바른 교회를 세우고 성도로 하여금 올바른 신앙생활을 하게 합니다.

서론 5

바른 교리 분별

교리가 잘못되면, 교회도, 신앙도, 성도도 다 잘못되게 됩니다. 교리가 잘못되면, 시작도, 과정도, 마지막 결과도 모두 잘못되게 됩니다. 처음에는 바르게 시작했으나, 중간에 교리가 변질되어, 교회와 신앙과 성도들이 함께 변질되고 속수무책으로 무너지게 된 경우가 그동안의 역사 속에서 적지 않았습니다. 그러므로 현재 내가 가지고 있는 교리가 바른 교리인지를 살피고 분별하는 것은 매주 중요합니다. 때문에 우리는 교리를 배우기 전에 먼저 그 교리가 바른지 여부를 확인하고 분별하여, 바른 교리는 받고 소유하고 지키고 전하고 가르쳐 자손만대에 신앙유산이 되게 해야 하지만, 그른 교리는 버리고 절대 받아들이지 말아야 합니다. 그렇다면 교리가 바른지, 그른지를 어떻게 분별할 수 있을까요?

첫째, 성경

성경으로 분별해야 합니다. 일단 성경에서 벗어났다면 그것은 더 이상 올바른 교리일 수 없습니다. 왜냐하면 바른 교리는 반드시 성경에서 나오고, 성경으로 말미암고, 성경으로 돌아가야 하기 때문입니다. 교리는 반드시 성경 안에 있어야 하고 성경의 통제 속에 있어야 합니다. 그러나 같은 성경을 가지고도 그 성경을 보는 눈이 달라서 전혀 엉뚱하게 해석하여 전혀 틀린 교리를 만들기도 합니다. 이단이나 사이비가 그렇고 새로 나오는 현대신학 등이 그렇습니다. 바로 분별해야 합니다. 딤후3:15

둘째, 역사

역사를 통해서 분별해야 합니다. 그래서 역사를 보아야 합니다. 우리는 이미 2000년 넘는 교회 역사를 가지고 있습니다. 그 역사 속에서 어느 것이 옳은 신앙과 그른 신앙인지, 어떤 이단과 사이비 등이 존재했는지가 드러나고 검증되고 증명되어 왔습니다. 그러므로 역사를 보면서 이미 성경적교리로 검증되고 증명된 바른 신앙의 교리를 물려받아 소유하고 따르고, 이단과 사이비로 드러난 교리는 절대 버리고 따르지 말아야 합니다. 신32:7

셋째, 열매

열매를 통해서 확인해야 합니다. 예수님께서는 그 열매로 그를 안다 하셨습니다. 가시나무에서 무화과를 얻을 수는 없습니다. 찔레에서 포도를 딸 수 없습니다. 성경적 열매를 맺는 교리가 바른 교리인 것입니다. 성령께서 바른 교리에 바른 열매가 맺도록 그렇게 역사하십니다. 열매로 확인해야 합니다. 비성경적, 불순종적, 세속적인 열매를 맺는

것은 가짜입니다. 그런 교리는 버려야 합니다. 마7:16-20

넷째, 성령의 교통

성령의 교통하심으로 확인해야 합니다. 참된 성경의 진리 안에서는 성령님의 교통하심이 있습니다. 모든 시대와 나라에서 같은 교통이 있었고, 참된 성도들 중에서도 같은 교통하심이 있습니다. 거듭나고 회심한 생명을 가진 참 성도라면, 내주하시는 성령께서 교통하시고 역사하십니다. 성경을 벗어나고 세속을 좇아 불순종할 때, 성령께서는 말할 수 없이 탄식하시며 근심하십니다. 내 영혼 속에서 근심하시고 반대하십니다. 육체의 소욕과 싸우십니다. 바른 교리는 성령의 교통하심이 있습니다. 그 속에 누림과 평안과 담대함과 하나됨이 있습니다. 요16:13

잘 분별해야 합니다. 교리가 틀리면 모든 것이 다 틀리게 됩니다.

서론 6

꼭 배워야 하나?

교리가 잘못되면, 교회도, 신앙도, 성도도 다 잘못되게 됩니다. 때문에 교리를 잘 분별해야 합니다. 어떻게 분별합니까? 성경과 역사와 내 안에 역사하시는 성령의 내주하심과 그 맺히는 열매로 분별할 수 있습니다. 잘 분별하여 옳은 교리를 가르치고 배워야 합니다. 그렇다면 교리는 꼭 가르치고 배워야 하는 것입니까? 왜 반드시 교회는 가르쳐야 하고 성도들은 배워야 합니까?

첫째, 지상명령

예수님의 지상명령(至上命令)이 "내가 너희에게 분부한 모든 것을 가르쳐 지키게 하라"였기 때문입니다. 이 명령은 예수님의 지상명령(至上命令)입니다. 즉, 최고 상위 명령이라는 것입니다. 최우선 명령이라는 말입니다. 이 명령을 지키지 않으면서 다른 명령을 지키는 것은 의미가 없다는 것입니다. 때문에 반드시 교회는 교리를 가르치고, 성도는 배워야 합니다. 마28:20

둘째, 후천적 지식

성경은 후천적 지식이기 때문입니다. 하나님의 말씀인 성경은 선천적 지식이 아닙니다. 태어나면서부터 하나님의 말씀을 깨닫고 태어나는 것이 아닙니다. 나면서부터 교리를 아는 것이 아닙니다. 때문에 하나님의 말씀인 성경과 그 교리는 배우지 않으면 알 길이 없습니다. 가르치지 않으면 깨달을 방법이 없습니다. 그래서 교회는 성경을 주제별로 정리 해놓은 교리를 반드시 가르치고, 성도들은 열심히 배워서, 그 진리의 말씀 안에 거해야 하는 것입니다. 딤후3:14

셋째, 체계

교리는 성경을 정리해 놓은 체계이기 때문입니다. 때문에 이 교리를 배워 이해하지 못하면, 평생 성경을 읽고 들어도 성경이 체계적으로 이해되지 않습니다. 그렇게 되면 당연히 신앙이 체계적으로 정리가 되지 않습니다. 마치 맞추어지지 않은 퍼즐 조각과 같을 뿐입니다. 잘못하면 자의적으로 성경을 이해하다가 이단과 사이비가 되기도 합니다. 거기에 빠지기도 합니다. 그러나 교리를 배우고 이해하고 나면 진리의 체계가 분명하게 서기 때문에 그런 위험에 빠지지 않게 됩니다. 겔44;23

넷째, 무장

주님은 무장을 명령하셨기 때문입니다. 우리 원수 마귀는 우는 사자 같이 삼킬 자를 찾아다닌다고 하십니다. 원수 마귀를 대적하고 싸워 이기라고도 하십니다. 훈련되고 무장되어 우리 대적 마귀와 싸워 이겨야 한다고 했습니다. 교리는 성도를 무장시키고 싸워 이기게 하는 중요한 무기가 됩니다. 교리의 체계 없이는 절대 진정한 영적인 무장이 되지 않습니다. 교리로 무장하면 원수와 싸워서 이길 수 있습니다. 엡6:11

교리의 체계와 무장이 없으면 모든 신앙과 사역은 흔들리고, 잘못하면 수포로 돌아가게 됩니다. 그래서 반드시 가르치고 배워야 합니다.

서론 7

종교

사람들이 사는 곳에는 반드시 종교가 있습니다. 최첨단의 문명사회에서나 아직도 전혀 문명의 혜택이 없이 사는 미개한 사회에서나 사람이 사는 곳이라면 반드시 종교를 가지고 있으며, 종교생활을 하고 있음을 발견하게 됩니다. 사람과 가장 유사하다해도 동물들은 종교가 없습니다. 오직 사람만 종교를 가지고 있습니다. 그렇다면 종교란 무엇입니까?

1. 인간은 종교적 존재

인간은 종교 없이 살아갈 수 없는 존재라는 말이 있습니다. 실제로 그렇습니다. 아무리 학벌이 높아도, 재물이 많은 부자라도, 반대로 가난한 사람도, 못 배운 사람도, 신분 귀천, 남녀노소 할 것 없이 사람은 누구나 종교에 의지해서 살아갑니다. 인간은 실로 종교적 존재임이 분명합니다. 종교가 없는 인간은 없다고 보아야 합니다. 행17:23

2. 왜 인간은 종교를 가질까?

왜 사람은 종교를 가질까요? 왜 종교에 의지할까요? 왜 종교를 찾을까요? 왜 종교가 없이는 불안할까요? 왜 종교를 계속 만들까요? 그 이유는 인간에게는 다른 어떤 피조물에도 없는 "영혼"이 있기 때문입니다. 인간은 육체만 있는 것이 아니라, 영혼이 함께 있습니다. 영혼과 육체로 구성되어 있습니다. 그 영혼은 종교를 찾습니다. _{창2:17}

3. 자신의 주인을 찾음

종교를 찾음은 무엇입니까? 사실은 인간 영혼이 찾는 것은 종교가 아니라, 자신의 근본을 찾는 것입니다. 자신의 원 뿌리를 찾는 것입니다. 자신을 만드신 창조주를 찾는 것입니다. 자신을 지으신 주인을 찾는 것입니다. 자신이 주인으로부터 단절되어 있고, 분리되어 있고, 원 뿌리에서 떠나 있음에 불안해하는 것입니다. 그 불안을 채우기 위해서 종교라는 방편을 통해서 자신의 원 뿌리를 찾는 것입니다. _{롬1:19}

4. 돌아가기 전까지는

사람은 자신을 지으신 창조주이며 주인이신 그 분 아래 들어가기 전까지는 참 된 사랑과 안식과 평안을 얻지 못합니다. 원 뿌리에 다시 접붙여지기 전까지는 이 세상의 그 어떤 것으로도 참 안식과 평안과 사랑을 누릴 수 없습니다. 인간은 피조물이기 때문입니다. 종교는 그것을 찾는 과정입니다. _{마11:28}

종교가 보편적 현상인 것은, 인간은 누구나 자신의 창조주이신 하나님을 찾고 있다는 증거입니다.

서론 8

종교의 자리

사람이 사는 모든 사회에는 종교가 있습니다. 종교가 없는 인간 사회는 없습니다. 종교는 인간과 뗄래야 뗄 수 없는 관계입니다. 정확하게 말해서 인간은 종교 없이는 살 수 없는 종교적 존재라는 말입니다. 그렇다면 종교의 자리는 어디일까요? 종교는 인간의 어디에 자리하고 있을까요?

1. 사람의 마음과 인격에

어떤 사람은 지식이 중요하다고 말합니다. 지식에 종교가 자리한다고 말합니다. 그래서 지식이 없이는 참된 종교를 말할 수 없다고 말합니다. 그러나 종교는 지식에 자리하지 않습니다. 또 어떤 사람들은 종교는 감정에 자리한다고 주장합니다. 그래서 종교에서 감정이 가장 중요하다고 말합니다. 감정의 움직임이 종교의 중요한 부분이라고 말합니다. 그러나 그렇지 않습니다. 종교는 감정에만 자리하지 않습니다. 그런가하면 또 다른 사람들은 종교는 이성에 자리한다고 주장합니다.

이성적인 결단의 행동이 참된 종교라고 말합니다. 그러나 그것도 잘못된 생각입니다. 이성적인 행동만이 종교의 자리라고 할 수 없습니다. 그럼 종교는 어디에 자리합니까? 종교는 이 세 가지가 함께 있는 인격에 자리합니다. 지, 정, 의, 이 세 가지 인격이 있는 마음에 자리합니다. 마음이 함께 하지 않는 종교는 거짓입니다. 마15:7-10

2. 만일 셋 중 하나만 강조한다면

만일 이 셋 중에 하나만 강조한다면 어떻게 될까요? 만일 그저 지식만 강조한다면 그것은 종교가 아니라 학문이고 철학이 될 것입니다. 또 만일 감정에만 강조점을 둔다면 그것은 종교가 아니라 신비적인 자기만족과 카타르시스에 지나지 않을 것입니다. 또 만일 이성만 강조한다면 그것은 종교가 아니라 무슨 결사단체에 불과할 것입니다. 종교는 단순한 학문도 아니고, 단순한 신비적 카타르시스도 아니며, 무슨 성전(聖戰)을 치루는 결사단체도 아닙니다. 종교는 온 마음으로 하나님을 찾는 것입니다. 시42:1

3. 함께 어우러진 인격에

종교는 진리를 바르게 아는 분명한 지식이 있어야 합니다. 그리고 그 지식에서 우러나오는 깊고 풍성한 감정도 있어야 합니다. 그리고 그 지식과 감정에 뒤 따르는 분명하고 확고한 이성적인 결단과 행동도 있어야 합니다. 지, 정, 의가 어우러지고 조화된 새롭게 만들어진 인격이 있어야 합니다. 그래야 참된 종교요 신앙인 것입니다. 고후5:17

서론 9

참 종교, 거짓 종교

종교는 자신을 지은 창조주 하나님과의 관계를 잃어버린 인간이 하나님을 되찾는 몸부림입니다. 자신을 지으신 창조주 하나님을 떠나서는 절대 제대로 살 수 없는 인간이 하나님을 찾아가는 과정입니다. 하나님의 자기 계시와 하나님을 찾고자 하는 인간의 갈망이 종교를 만들게 한 것입니다.

1. 참 종교와 거짓 종교

그렇기 때문에 종교에는 참 종교와 거짓 종교가 있습니다. 하나님을 찾다가 살아계신 창조주 하나님을 제대로 만나게 된 것이 참 종교이고, 하나님을 찾지 못한 채 마귀가 만들어 놓은 가짜 하나님의 덫에 빠진 것이 거짓 종교입니다. 우리는 참 종교와 거짓 종교를 잘 분별하여야 합니다. 잘 분별하지 못하면 거짓 종교에 빠져 평생을 탕진하고 마지막에 낭패를 당하게 될 것이기 때문입니다. 고후11:13-15

2. 참 종교

참 종교에는 몇 가지 중요한 표지와 요소들을 가지고 있습니다.

첫째, 참 신, 참 하나님이 계십니다. 참 창조주 하나님, 나의 참 주인을 만난 것입니다.

둘째는 그 하나님께서 주신 참 계시와 그 계시에 의한 참된 영적지식이 있습니다. 그 계시와 영적지식으로 우리는 하나님을 더 깊게 알아 가게 됩니다.

셋째는 그 계시를 전달하는 하나님이 세우신 참 선지자, 사도, 목사가 있습니다. 이들을 통해서 참된 계시가 가르쳐지고 선포되고 전파되는 것입니다.

넷째는 그 참 계시의 지식에 의해 변화된 참 신자들이 있습니다. 그리고 참 하나님과 계시에 순종하는 참된 신자들의 순종과 사명 감당함이 있습니다. 그래서 참된 교회가 세워지게 됩니다.

다섯째는 참 순종에 의해 하나님께서 주시는 참된 하나님의 축복과 사랑과 은혜의 누림이 있습니다. 하나님께서 주신 감사와 사랑과 평안과 기쁨의 풍성한 향유됨이 있습니다.

여섯째는 참된 영생의 천국 소망과 마지막 누리는 영생복락의 구원이 있습니다. 하나님의 나라에서 영원토록 있게 됩니다. 마25:21

3. 거짓 종교

첫째는 거짓 신이 있습니다.
둘째는 거짓 계시가 있습니다.
셋째는 거짓 사제들이 있습니다.

넷째는 참 변화가 없는 거짓 신자들이 있습니다.
다섯째는 거짓 순종이 있습니다.
여섯째는 거짓 축복이 있습니다.
마지막에는 영생구원이 없는 지옥멸망의 영원한 저주가 있습니다.

살후1:6-9

거짓 종교에 속으면 안 됩니다. 참 종교에서 참 신앙생활을 하여 참 구원을 얻어야 합니다.

서론 10

계시(啓示)

이제 계시를 살펴볼 차례입니다. 계시를 떠나서는 종교를 바르게 설명할 수 없습니다. 참된 계시가 없는 종교는 거짓 종교이며 사교(邪敎)에 불과합니다. 창조주 하나님께서 인간에게 주신 참된 계시 없이는 인간이 참 하나님을 알 수 없고, 참 하나님을 알 수 없다면 참 종교는 있을 수 없습니다.

1. 계시란?

계시란, 창조주 하나님께서 피조물인 인간에게 자신을 드러내 보여 주시는 신적 행위를 말합니다. 신(神)이신 창조주 하나님께서 피조물인 인간에게 자신의 존재와 계획과 뜻, 그리고 우리가 인생을 무엇을 하며 살아야 하는지, 사명은 무엇인지, 인생의 마지막은 어떻게 되는지, 죽음과 그 이후는 무엇이 있는지 등을 드러내 가르쳐 주시는 것을 계시라 합니다. 이런 계시를 통해서 하나님을 알게 하시는 것입니다. 엡 1:17

2. 하나님

하나님은 신(神)이십니다. 온 우주 만물과 우리 인간을 지으신 창조주이십니다. 우리 인간하고는 존재 자체가 다릅니다. 다시 말해서 피조물인 우리 인간은 도무지 알 수 없는 초월(超越)적 존재라는 것입니다. 때문에 하나님을 불가해(不可解)한 존재라고 합니다. 즉 우리 인간의 머리와 지혜와 지식으로는 도저히 이해할 수 없는, 이해가 불가능한 존재라는 말입니다. 우리의 이해 저 너머에 계신 분이십니다. 그 말이 옳습니다. 우리의 능력으로는 하나님을 알 수 없습니다. 욥36:26

3. 인간

반면에 인간은 피조물(被造物)입니다. 만들어진 존재입니다. 그래서 피조물인 인간은 그 존재와 지식과 이해와 모든 면에 한계(限界)가 분명한 유한(有限)한 존재입니다. 배움과 학습에도 한계가 있고, 능력에 한계가 있고, 인생의 모든 면에 한계가 있습니다. 그래서 아무리 애를 쓰고 노력을 해도 인간이 알 수 없는 것은 알 수 없습니다. 때문에 인간보다 초월해 저 높게 계신 조물주 하나님을 아는 것은 불가능합니다. 하나님을 완전하게 이해하려면 인간이 하나님보다 훨씬 더 탁월한 존재여야 하는데, 인간은 반대로 하나님보다 훨씬 열등한 존재입니다. 때문에 인간이 하나님을 이해하고 아는 것은 애초부터 불가능한 것입니다. 마치 지렁이가 인간을 이해하는 것이 불가능한 것 보다 더 불가능한 것입니다. 사44:18

4. 알려면?

그럼에도 불구하고 인간이 하나님을 알려한다면, 그것은 하나님께서 먼저 인간에게 하나님 자신을 보여주셔야 합니다. 하나님께서 인간이 알 수 있는 언어와 방법으로 하나님 자신을 드러내 알려주셔야 합니다. 이 방법 밖에 다른 길이 없습니다. 인간이 하나님을 알 수 있는 유일한 길은 이 길 밖에 없습니다. 그렇지 않으면 피조물 인간이 신이신 창조주 하나님에게 가까이 갈 수도 없고, 알 수도 없습니다. 그런데 감사하게도 하나님께서 그렇게 하셨습니다. 하나님께서 먼저 인간에게 손을 내밀어 자신을 드러내시고 알려주신 것입니다. 그것을 계시라 하고, 그 계시를 통해서 인간은 하나님을 조금 알 수 있게 된 것입니다. 엡1:9

5. 참 종교

참 종교에는 하나님께서 자신을 소개하시는 참 계시가 있습니다. 이 계시를 통해서 참 하나님을 바로 알고, 바로 섬길 수 있게 되는 것입니다. 이 계시를 가지고 지키는 자들이 복이 있는 자들입니다. 계1:3

서론 11

계시(啓示)의 종류

우리는 계시가 무엇인지를 살펴보았습니다. 이제 하나님께서 주신 참된 계시에는 어떤 종류가 있는지 살펴보아야 합니다. 하나님께서 우리에게 주신 계시에는 몇 가지 종류가 있습니다. 그것을 바로 알 때 우리는 바르게 하나님을 섬길 수 있고, 바른 신앙을 가질 수 있으며, 바른 인생을 살 수 있고, 영원한 미래를 준비할 수 있습니다.

1. 자연계시(自然啓示)

이것은 하나님께서 창조하신 우주 만물인 자연(自然)을 통해서 하나님을 드러내시는 것을 말합니다. 천지 만물을 바라보면 그 자연에서 살아 역사하시는 하나님을 발견할 수 있습니다. 풀 한 포기, 꽃 한 송이, 흘러가는 구름과 밤 하늘의 빛나는 별들을 보면서 그 속에서 하나님의 살아계심과 능력과 오묘하심을 발견하게 됩니다. 자연계시입니다. 시19:1-6

2. 초자연계시(超自然啓示)

하나님께서 자연을 초월하여 하나님을 드러내시는 계시입니다. 하나님께서 필요하실 때 일상적으로 나타나는 일이 아닌, 보편적으로 일어나는 일이 아닌, 자연의 법칙을 뛰어 넘어서 일어나는 초자연적인 것을 통해서 하나님을 드러내시며, 하나님의 뜻을 나타내십니다. 평소에 보지 못했던 초자연적인 것을 보고 경험하면서, 그 속에 역사(役事)하고 계시는 살아계신 조물주 하나님을 보게 되는 것입니다. 그 앞에 엎드려 하나님을 경외하며 겸손하게 되는 것입니다. 초자연계시입니다. 출3:20

3. 일반계시(一般啓示)

이 계시는 주시는 대상이 온 인류를 대상으로 주시는 계시입니다. 이 세상에 살고 있는 모든 인류에게 하나님께서 자신을 드러내시는 보편적 계시입니다. 남녀노소 신분 귀천, 시대와 장소를 가리지 않고 누구에게나 하나님을 알고, 하나님을 경외하도록 주시는 계시입니다. 햇빛을 비추시고, 비를 내려 주시고, 사계절이 바뀌고, 오곡백과가 무르익게 하시는 일들은 모든 사람에게 차별이 없이 주어지는 하나님의 계시입니다. 일반계시입니다. 롬1:20

4. 특별계시(特別啓示)

하나님께서 정하신 특별한 사람들에게만 특별히 주시는 계시입니다. 하나님께서 특별하게 선택하신 사람들에게만 주시는 특별한 계시입니다. 오직 택하신 그들만 알게 하고, 그들만 소유하게 하고, 그들만 누리게 하는 특별한 계시를 말합니다. 그래서 이 특별계시는 보편적인 것이 아니라 제한적 계시입니다. 마13:15-16

자연계시와 초자연계시는 계시의 방법에 의한 구별이고, 일반계시와 특별계시는 계시의 대상에 의한 구별입니다. 때문에 일반계시에도 자연계시와 초자연계시가 동반되고, 특별계시에도 자연계시와 초자연계시가 함께 동반됩니다. 하나님께서는 이 계시들을 적절하게 사용하시면서 하나님을 드러내시고, 하나님의 뜻을 이루고 계십니다.

하나님께서는 지금도 살아계셔서 이런 계시의 방법으로 하나님 자신을 드러내시고 말씀하고 계십니다. 우리는 이 계시를 깨닫고 순종해야 합니다. 그래야 하나님의 그 복된 구원과 은혜와 사랑을 누리게 됩니다.

서론 12

일반계시

그럼 이제 일반계시(一般啓示)를 좀 더 자세히 배워 보겠습니다. 일반계시는 어떤 계시이며 어떤 가치가 있는지 알아봅시다.

1. 일반계시의 대상

일반계시는 그 대상이 일반적인 사람들, 곧 전 인류를 대상으로 주신 계시입니다. 하나님께서 창조하신 모든 사람들에게 자신의 실존을 드러내시며, 그들을 사랑하셔서 주시는 계시입니다. ^{마5:45}

2. 일반계시의 방법

일반계시의 방법은 간접적인 방법입니다. 일반계시를 통해서는 간접적으로 하나님의 실존을 경험하고 느낄 뿐입니다. 그래서 특별계시가 없으면 직접적으로 하나님을 대면할 수가 없습니다. 그 간접적인 방법에 자연과 초자연의 방법이 있습니다. 하나님께서는 자연과 초자연을 통해서 하나님 자신의 존재하심과 하나님의 성품이 어떠하신지를 나타내십니다. 그래서 인류는 자연과 초자연을 바라보면서 하나님의 살아계심을 느끼고 경험하게 되는 것입니다. 여기에서 종교가 나오게 됩니다. 행17:26-28

3. 일반계시의 한계

일반계시에는 한계가 있습니다.

첫째는 죄의 문제를 알 수 없습니다. 일반계시만으로는 죄를 깨달을 수 없습니다. 자신이 얼마나 큰 죄인인지 알 수 없습니다. 그리고 그 죄악의 결과가 얼마나 무서운 것인지에 대해서도 전혀 알 수가 없습니다. 그래서 죄의 문제를 해결할 수 없습니다. 요6:26

둘째는 영적인 지식을 얻을 수 없습니다. 우리에게는 영혼이 있고 사람은 영적인 존재입니다. 또한 이 세상에는 영적인 세계가 엄연히 존재합니다. 하나님이 계시고 마귀와 귀신들이 존재합니다. 우리는 이 영적인 세계와 영적인 지식을 바르게 가져야 합니다. 바른 영적인 지식이 우리에게 영적구원과 새로운 인생의 축복을 얻게 합니다. 이 영적 지식이 없으면, 우리는 살았지만 실상은 죽은 인생을 살 수 밖에 없습니다. 이 지식이 없으면 결국 망하게 됩니다. 그런데 일반계시만으로는 이 영적지식을 깊이 있게 얻지 못합니다. 호4:6

셋째는 종교적인 한계가 있습니다. 일반계시만으로는 참 종교에 다다를 수 없습니다. 일반계시인 자연과 초자연을 통해서는 참 하나님께 다다르지 못합니다. 거짓 종교만 있게 됩니다. 거짓 종교는 우리 인생을 바르게 하지 못하며 부요하게 하지 못하고, 구원하지 못합니다. 오히려 우리 인생을 잘못된 길로 가게하고, 망하게 합니다. 행22:7-8

4. 일반계시의 유익

그럼에도 불구하고, 일반계시의 유익한 점은 있습니다. 그것은 일반계시가 특별계시로 나아가게 하는 교두보 역할을 한다는 것입니다. 일반계시의 한계가 오히려 특별계시를 더욱 찾게 하고 갈망하게 한다는 것입니다. 일반계시만으로 목마른 사람들이 더 하나님을 갈망하여 찾게 하여 특별계시로 나아가게 하는 것입니다. 할렐루야! 시121:1-2

서론 13

특별계시

이제 특별계시를 알아보아야 하겠습니다. 특별계시는 어떤 계시이며 어떤 가치가 있습니까?

특별계시의 가치

특별계시는 일반계시에서 얻을 수 없는 것을 얻게 합니다. 일반계시에서 보지 못했던 것을 보게 하고, 깨닫지 못했던 것을 깨닫게 합니다. 누리지 못했던 것을 받아 누리고 향유하게 합니다. 그래서 일반계시에서 해결하지 못했던 것을 해결하게 합니다. 그럼 그것이 무엇입니까?

첫째, 죄 문제

우리는 죄인으로서 죄의 심각한 문제를 가지고 있습니다. 인류 역사와 인간이 가지고 있는 모든 불행한 문제들은 다 이 죄에서 나온 문제들입니다. 때문에 그 죄의 문제를 분명하게 알고 해결하지 않으면 인

49

생의 어떤 문제도 해결되지 않습니다. 아무리 울고, 몸부림치고, 애를 써도 해결되지 않습니다. 이 죄 문제를 해결해야 합니다. 이 죄의 문제를 해결하지 못하면 인생은 전혀 소망이 없습니다. 이 죄의 문제를 일반계시에서는 해결하지 못합니다. 오직 특별계시에서만 해결할 수 있습니다. 롬3:23

둘째, 영적 지식

우리 사람은 육체만 가지고 사는 존재가 아닙니다. 우리는 육체와 함께 영혼이라는 것을 가지고 있는 영적인 존재입니다. 눈에 보이는 육체적인 세계만 있는 것이 아니라, 눈에 보이지 않는 영적인 세계도 엄연히 존재합니다. 그래서 사람은 떡으로만 살 수 없습니다. 육체로만 살 수 없습니다. 재물로만 살 수 없습니다. 세상적이고 세속적인 것만으로는 살 수 없습니다. 그 이상의 영적인 것이 있어야 살 수 있습니다. 우리가 꼭 알아야 할 이 영혼과 영적 세계의 지식을 일반계시는 알려주지 못합니다. 특별계시가 알려줍니다. 특별계시를 통해서만 깨달아 알 수 있습니다. 마4:4

셋째, 하나님의 원하심

하나님은 우리를 지으신 창조주요, 우리를 구원하시는 구속주로서 우리의 주인이시며 왕이십니다. 우리는 하나님에 의해서 지어진 피조물입니다. 하나님으로부터 나온 존재입니다. 우리는 하나님의 소유입니다. 하나님의 목적에 의해서 만들어진 존재입니다. 때문에 우리는 우리를 향하신 창조주의 요구를 알아야 합니다. 그 목적을 알고, 그

원하심을 제대로 알고, 그 원하심대로 살아야 소망이 있으며, 승리하는 신앙생활을 할 수 있고, 성공적이고 축복된 인생을 살 수 있습니다. 행복할 수 있습니다. 천국 영생구원도 얻게 됩니다. 우리를 향하신 창조주 하나님의 원하심은 오직 특별계시가 알려 줍니다. 시119:105

넷째, 구원 문제

우리는 누구나 반드시 한 번은 죽습니다. 죽음을 피할 수 있는 사람은 단 한 사람도 없습니다. 그리고 그 후에는 하나님 앞에 서서 준엄한 심판을 받아 천국과 지옥이라는 영원한 내세에 나뉘어 들어가게 됩니다. 천국은 영원한 기쁨과 복락을 누리는 하나님의 나라인 행복의 현장이지만, 지옥은 마귀와 함께 영원한 유황불 구덩이 속에서 영원토록 슬피 울며 고통하고 신음하는 처참한 불행의 현장입니다. 우리는 험난한 이 세상을 살면서도 하나님의 구원이 필요하고, 죽음 이후에도 영원한 천국 구원을 얻어야 합니다. 그 구원의 길을 일반계시에서는 알 수 없습니다. 오직 특별계시가 알려줍니다. 딤후3:15, 시1:5

특별계시는 일반계시에서 전혀 언급하지 않은 이런 중요한 내용들을 우리에게 알게 하고 안내합니다. 그래서 가치가 큽니다. 우리는 반드시 특별계시를 알아야 합니다.

서론 14

특별계시 방법

그럼 이제 특별계시를 하나님께서 어떻게 우리에게 주시는지, 그 방법을 알아봅시다. 이 방법 문제에서 이단과 사이비가 많이 나왔습니다.

첫째, 현현(顯現)

이 방법은 하나님께서 직접 나타나셔서 하나님의 뜻을 전달하시는 방식이었습니다. 모세에게도 하나님께서 직접 나타나셔서 말씀하셨지요. 그러나 이 방법은 지금은 쓰시지 않으십니다. 이미 중단되었고 종료된 계시의 방법입니다. 신34:10

둘째는 표적

이 방법은 하나님께서 직접 현현하시지는 않으시지만, 여러 가지 방법으로 직접 하나님의 뜻을 전달하시고 나타내시는 방식입니다. 예를 들면, 우림과 둠밈, 꿈과 환상, 표적과 이적, 자연적인 것과 초자연적인 것 등을 사용하셔서 하나님의 뜻을 나타내시는 방식입니다. 그러나

이 방법도 지금은 특별계시로는 종료된 방식입니다. 신31:15

셋째는 사자(使者)들을 사용하심

그 시대, 그 장소마다 하나님께서는 신실한 당신의 사자(使者)들, 즉 선지자나 사도들을 세우셔서 하나님의 뜻을 전달하게 하셨습니다. 사자(使者)들은 하나님의 뜻을 받은 그대로 가감(加減) 없이 전달했고, 드러냈습니다. 그러나 이 방법도 이미 종료된 방법입니다. 민12:6

넷째는 기록

하나님의 현현이나, 표적이나, 사자들을 사용하시는 것은 마귀가 거짓으로 흉내 낼 수 있습니다. 거짓된 현현이나, 표적이나, 사자들이 나올 수 있습니다. 그래서 하나님께서는 모세를 시작으로 하나님의 말씀을 기록하라 명령하셨습니다. 그래서 모세의 오경부터 사도 요한의 요한계시록까지 약 1600여년 동안 40여명의 성령에 감동된 기록자들을 부르시고 준비하셔서 하나님의 말씀을 기록하게 하셨습니다. 그것이 성경입니다. 선지자들을 중심으로 구약성경이 기록되었고, 사도들을 중심으로 신약성경이 기록되었습니다. 그렇게 기록된 것이 바로 구약 39권, 신약 27권의 성경입니다. 출34:27

유일한 특별계시

특별계시를 처음 주실 때는 하나님께서 여러 가지 방법을 사용하셨습니다. 그러나 창세기부터 요한계시록까지 성경의 기록을 다 마치신 후에는, 기록된 성경 외에는 이전에 주시던 다른 방법들은 이제 다 중단 하셨습니다. 그래서 지금은 성경 외에 다른 어떤 것도 특별계시로 존재하지 않습니다. 이 성경 외에 다른 계시를 주장하면 잘못된 것입니다. 여기에서 벗어나면 이단이며 사이비가 됩니다. 뿐만 아니라 우리 주님께서는 준엄하게 징벌하실 것을 선언하셨습니다. 우리는 오직 유일한 특별계시로 성경만을 인정하고 순종합니다. 계22:18-19

서론 15

유일한 특별계시 성경

지금 우리에게 있는 특별계시는 오직 성경 밖에 없습니다. 성경 외에 어떤 것도 받아들일 수 없습니다. 왜입니까?

1. 하나님의 선언

계시를 주신 하나님께서 이렇게 선언하셨기 때문입니다. 그러므로 이제는 더 이상의 특별계시는 있을 수 없습니다. 주님 다시 오실 때까지 성경 이외의 그 어떤 계시도 주시지 않습니다. 이것은 하나님의 선포입니다. 지금 우리 손에 있는 성경만이 유일무이(唯一無二)한 특별계시인 것입니다. 계22:18-19

2. 식언치 않으시는 하나님

하나님은 일구이언(一口二言)하지 않으십니다. 하나님은 식언(食言)치 않으시며 후회하지 않으십니다. 그리고 그 말씀하신 그대로 행하십니다. 그대로 이루십니다. 하나님의 말씀은 천지가 없어져도 그대로 성취

55

됩니다. 하나님의 속성은 불변입니다. 전지전능하십니다. 실수하지 않으십니다. 그 하나님께서 계시의 종료를 선포하신 것입니다. 민23:19

3. 유일한 구속(救贖)의 총체

성경만이 우리의 구원을 가르쳐주는 유일한 내용입니다. 구속의 진리, 구속의 사실, 구속의 원리, 구속의 방법, 구속의 적용, 구속의 마지막 결과 등에 대해서 오직 성경에서만 밝히고 있는 유일한 구속의 총체입니다. 성경 외에 어디에서도 하나님의 구속에 대해서 알 수 없습니다. 때문에 구원을 알려면 성경을 펼쳐야 합니다. 딤후3:15

4. 유일한 하나님 지식

하나님께서는 성경을 통해서만 하나님의 구체적인 것을 드러내 알리셨습니다. 하나님의 존재, 본질, 속성, 계획, 좋아하심과 싫어하심의 인격, 상벌과 영생의 비밀 등을 알려주셨습니다. 때문에 우리는 오직 성경을 통해서만 하나님을 제대로 배웁니다. 하나님을 알 수 있는 유일한 지식은 오직 특별계시로 주신 성경 밖에는 없습니다. 요5:39

5. 하나님께서 용납하지 않으심

하나님께서는 성경 외에는 어느 것도 하나님이 주신 특별계시로 인정하지 않으십니다. 용납하지 않으십니다. 특별계시로 이 성경 외에 주신 적이 없습니다. 오직 성경만을 유일한 특별계시로 주셨습니다. 유일합니다. 이전에도 지금도 앞으로도 동일합니다. 언제 어디에서든지 동일합니다. 이 것 외에는 교회도, 성도도, 어느 누구라도 용납하지 않으십니다. 때문에 우리는 오직 성경만 하나님의 특별계시로 인정하고, 가르치고 전하며, 오직 성경대로만 살도록 인도해야 합니다. 성도들도 오직 성경만 배우고 따르며 순종해야 합니다. 오직 이 성경만이 다 이루어집니다. 계1:1-3

성경은 하나님께서 우리에게 남겨 놓으신 유일한 특별계시입니다. 더해도 빼도 안 됩니다. 성경만 따라야 합니다.

서론 16

완전한 성경

우리에게 있는 유일한 특별계시인 성경만이 완전한 하나님의 계시이며, 완전한 하나님의 말씀입니다. 성경은 완전하여 조금도 부족함이 없습니다. 그럼 어떤 면에서 완전합니까?

첫째는 필요성에서

교회와 성도, 그리고 이 세상은 창조주 하나님을 바르게 알아야 합니다. 영적인 세계를 알아야 하고, 죄의 해결과 구원을 알아야 합니다. 마지막 종말도 알아야 합니다. 이 반드시 알아야 할 것을 하나님은 성경에 다 담아 놓으셨습니다. 그래서 우리는 성경이 필요합니다. 성경이 없다면 온 세상과 교회와 성도들은 빛을 잃고 어두움에 쌓이게 됩니다. 길을 잃고 방황하게 됩니다. 이 성경에서 더해도 길을 잃고 방황하게 되고, 빼도 방황하게 됩니다. 인생으로서 사는 삶의 그 존재 자체가 불가능할 것입니다. 그래서 우리 인생과 신앙과 내세에 오직 완전한 성경만 꼭 필요합니다. 그러나 천주교에서는 성경의 완전하고 절대적인 필요성을 부인합니다. 그래서 성경 외에 외경을 더하고, 교황의 말도 더하고, 교회의 결정도 필요하다고 더합니다. 또 다른 이단과 사이비 집단들은 코오란이나, 몰몬경이나, 원리강론 등 다른 것을 더합니다. 그러나 틀렸습니다. 오직 성경만 필요합니다. 요6:68

둘째는 명료성에서

천주교에서는 성경이 명료하지 못하다고 합니다. 그래서 교회가 성경을 판단해야 한다고 주장합니다. 다른 이단이나 사이비 집단들은 교주가 판단한다고 말합니다. 그래서 성경에 더하고 빼고 합니다. 그러나 틀렸습니다. 성경은 본래 명료합니다. 우리가 이해하던 이해하지 못하던 상관없이 성경은 여전히 아주 명료합니다. 우리가 이해하지 못하는 것은 성경이 명료하지 못해서가 아니라, 우리가 죄악으로 심령이 어두워져 있기 때문입니다. 우리가 미련하고 아둔하기 때문입니다. 신령한 지혜가 없거나 부족하기 때문입니다. 성경은 여전히 하나님의 말씀으로 명료하게 있습니다. 벧후3:16

셋째는 충분성에서

천주교에서는 성경으로 충분하지 않다고 말합니다. 그래서 외경을 더했습니다. 또 교황의 말도 더했습니다. 교회의 결정도 더했습니다. 다른 이단들과 사이비들도 마찬가지입니다. 그러나 그것은 잘못입니다. 틀렸습니다. 성경 하나로 충분합니다. 더할 필요가 없습니다. 하나님을 아는 지식과, 우리의 모든 구속과 사역, 헌신, 그리고 내세에 관한 모든 내용에서 성경 하나면 충분합니다. 하나님께서는 이 성경에 충분한 내용을 담아서 주셨습니다. 그래서 "내가 이 책의 예언의 말씀을 듣는 각인에게 증거 하노니 만일 누구든지 이것들 외에 더하면 하나님이 이 책에 기록된 재앙들을 그에게 더하실 터이요, 만일 누구든지 이 책의 예언의 말씀에서 제하여 버리면 하나님이 이 책에 기록된 생명나무와 및 거룩한 성에 참예함을 제하여 버리시리라"고 선언하신 것입니다. 이 하나님의 말씀처럼 더하거나 뺄 필요가 없습니다. 오히려 더하거나 빼면 안 됩니다. 계22:18-19, 잠30:6

넷째는 권위에서

천주교는 교회의 권위가 성경보다 위에 있다고 합니다. 그래서 교회가 성경을 판단해야 한다고 말합니다. 그래서 교회가 성경의 내용을 바꾸고 고칩니다. 다른 이단들과 사이비들도 마찬가지입니다. 그러나 틀렸습니다. 성경은 그 자체가 하나님의 말씀이요 유일한 특별계시로서 절대 권위를 가지고 있습니다. 이 권위는 하나님께서 직접 부여하신 권위이며, 직접 선포하신 권위입니다. 성경은 하나님의 말씀으로서 권위를 완전하게 가지고 있습니다. 우리에게 주신 유일한 권위입니다. 그러므로 오히려 모든 인류와 교회와 성도들은 성경의 판단을 받고, 그 권위 앞에 무릎을 꿇어야 하고, 절대 순종을 해야 합니다. 합2:20

서론 17

성경의 영감

하나님의 유일한 특별계시인 성경은 어떻게 기록되었습니까?

1. 하나님의 감동으로

"모든 성경은 하나님의 감동으로 기록된 것으로"라고 선포합니다. 그렇습니다. 성경은 하나님의 영감하시는 감동으로 기록된 것입니다. 성경은 하나님의 영감으로 기록된 유일한 특별계시입니다. 딤후3:16

2. 기록자

성경은 하나님께서 특별히 선택하신 사자(使者)들이 기록했습니다. 하나님께서는 특별계시를 주시려 작정하시고, 그 신실한 종들을 택하시고, 그들에게 "기록하라"고 명령하시고, 그들에게 영감을 충만하게 부어주셔서 성경을 기록하게 하신 것입니다. 계1:10-11

3. 영감의 방법

유기적으로 영감하셨습니다. 하나님께서는 기계적으로 한 글자씩 받아 적도록 하지 않으셨습니다. 하나님께서 그들에게 주신 은사와 그들의 모든 것을 유기적으로 다 사용하시면서 기록하도록 영감하셨습니다. 벧후3:15-16

4. 영감의 범위

모든 성경입니다. 창세기부터 요한계시록에 이르기까지 전 성경 내용에 영감하셨습니다. 어떤 내용은 영감하시고, 어떤 내용은 영감하시지 않은 것이 없습니다. 성경에 있는 모든 내용은 영감되지 않은 것이 하나도 없습니다. 그래서 성경 전체의 내용은 비록 서로 다른 시대에, 다른 기록자들이 기록했어도 그 내용이 일맥상통(一脈相通)합니다. 그래서 어느 내용이든지 그 권위가 동일합니다. 그 무게와 가치가 동일합니다. 딤후3:16

5. 영감의 완전성

성경의 영감은 완벽합니다. 성경의 영감에 부족함이 없다는 이야기입니다. 하나님의 영감하심에 부족함이 있어서, 인간이 더할 필요가 있다거나, 뺄 필요가 있지 않다는 것입니다. 하나님은 완전하시고, 실수가 없으시기 때문에 성경의 기록에 영감하심에 있어서도 완전하게 하셨고, 조금도 부족함이나 흠이 없습니다. 그래서 성경은 완전합니다. 시19:7

6. 우리의 한계

하나님의 말씀인 성경은 하나님의 영감으로 기록된 것으로써 완전한 상태로 있습니다. 조금도 부족함이 없습니다. 단지 우리는 여전히 죄성을 가지고 있으며, 우리의 지성과 감성과 의지는 연약하고 부족하며 유한합니다. 또한 여전히 죄악된 세상 속에 살아갑니다. 그래서 때로는 우리의 능력으로는 성경이 다 이해될 수 없습니다. 그것은 성경이 부족해서가 아니라, 우리가 부족해서입니다. 성경은 여전히 완전하게 있습니다. 그러므로 우리는 그저 성경에 순종하면 됩니다. 히13:17

서론 18

성경의 목적

하나님은 특별계시로 하나님의 말씀인 성경을 우리에게 주셨습니다. 하나님은 목적 없이 어떤 일을 하시지 않으십니다. 그럼 우리에게 유일한 특별계시로 성경을 주신 목적은 무엇일까요? 성경을 하나님의 말씀으로 우리에게 주신 이유는 무엇일까요? 목적을 바로 알아야 우리가 그 목적대로 성경을 받아 복이 될 수 있을 것입니다.

첫째, 구원

구원입니다. 하나님은 성경 곳곳을 통해서 이 사실을 밝히십니다. 이 성경을 통해서 하나님의 아들을 믿고 영생을 얻게 하려 하심이라고 하시고, 또 성경에 구원에 이르는 지혜가 있게 한다고 말씀하시는 등 성경의 목적이 하나님 백성들의 구원에 있음을 밝히십니다. 성경은 우리를 구원으로 가게 하는 유일한 길입니다. 우리는 성경을 통해서 구원에 이르러야 합니다. 요20:30-31, 딤후3:15

둘째, 수술

수술입니다. 하나님의 말씀은 좌우에 날선 검과 같아서 사람의 심령골수를 찌르고 쪼개서 수술한다고 하십니다. 때로는 어긋난 뼈를 바로 맞춘다고 말씀하십니다. 사람의 영혼은 본래 죄악으로 병들고, 모든 뼈는 어긋나 있습니다. 본래 그대로는 정상적이고 평안하고 축복된 생명의 인생을 살 수가 없는 존재입니다. 그런 사람을 수술하여 온전케 하는 것이 바로 하나님의 말씀인 성경입니다. 이것이 성경의 중요한 목적입니다. 우리는 하나님의 말씀으로 수술을 받아야 합니다. 히4:12

셋째, 양육

양육입니다. 한 사람이 중생하면, 새로 태어나 구원을 얻고 하나님의 자녀가 되게 됩니다. 그러나 아직은 연약한 어린 아이 같습니다. 그러므로 이제는 하나님의 자녀답게 성장, 성숙하여 하나님의 자녀다운 모습으로 잘 양육되어야 합니다. 성경은 이 거듭난 하나님의 자녀들을 하나님의 자녀답게, 백성답게 양육하는 중요한 역할을 하게 됩니다. 꼭 있어야 하는 양육 교재인 것입니다. 어느 누구라도 성경 없이는 하나님의 자녀답게 양육되지 않습니다. 우리는 성경으로 잘 양육되어야 합니다. 딤후3:16-17

넷째, 축복

축복입니다. 하나님은 자신의 자녀들에게 마음껏 축복하셔서 그 주신 축복을 향유하고 누리기를 원하십니다. 그리고 그 받은 축복으로 마음껏 하나님이 주신 사명을 완수하기를 원하십니다. 그러나 천지를 다스리심에 공정하신 재판장이신 하나님은, 비록 자신의 자녀라도 무조건 축복을 주시지는 않으십니다. 범죄하고 악하게 살아도 무조건 주시는 것이 아닙니다. 범죄하고 악하게 살면 비록 자신의 자녀라도 오히려 그에 합당한 징벌을 내리십니다. 그래서 성경을 주신 것입니다. 자녀들에게 주신 하나님의 말씀인 성경을 잘 순종하고 살면 마음껏 축복을 부어주셔서 자녀들로 하여금 그 축복을 마음껏 누리고, 그 주신 축복으로 사명을 마음껏 완수하기를 원하신 것입니다. 성경은 하나님이 주시는 축복의 중요한 방편입니다. 신28:1-14

다섯째, 역사의 주관

역사를 주관하시는 하나님의 뜻을 보여주시는 것이 성경입니다. 이 역사는 영웅호걸들에 의해서 흘러가는 것입니까? 우연히 지나가는 것입니까? 아닙니다. 인류역사는 오직 성경대로 되어가고 있는 것입니다. 하나님께서 미리 말씀해 놓으신 성경대로 성취되고 있는 것입니다. 우리는 성경을 통해서 역사가 어디에서 와서 어디로 흘러가고, 어떻게 마무리 될지 알 수 있습니다. 그래서 준비할 수 있습니다. 마5:18

여섯째, 나침반

우리의 나침반으로 주셨습니다. 성경은 우리의 인생과 신앙의 나침반입니다. 우리가 광야와 같은 인생을 살아가면서 어디로 가야 할지 몰라 방황할 때 우리에게 바른 방향을 제시해 주는 나침반입니다. 우리가 폭풍이 몰아치는 바다와 같은 세상에서 신앙생활을 해 나아갈 때 바른 방향을 잃지 않도록 인도하는 나침반이 됩니다. 성경을 통해

서 길을 잃지 않을 수 있습니다. 시119:105

일곱째, 심판의 근거

심판의 근거입니다. 사람은 한 번 죽고, 그 다음은 하나님 앞에서 심판을 받게 됩니다. 그리고 우리 주님께서 다시 재림하셔서 온 인류와 세상을 심판하십니다. 그 심판의 날에 심판의 근거는 무엇입니까? 바로 하나님이 주신 이 특별계시인 성경입니다. 하나님은 이미 주신 성경으로 심판을 하십니다. 성경을 기준으로 삼아 각 사람이 행한 대로 갚아 주십니다. 마7:21-23, 계22:12

성경을 주신 하나님의 목적이 있습니다. 지금도 하나님은 그 목적을 이루고 계십니다. 그 목적에 맞추어 성경을 받고 사는 것이 복입니다.

서론 19

성경의 효과

성경은 창조주 하나님의 말씀입니다. 하나님께서 우리 인간에게 주신 유일한 특별계시입니다. 하나님께서 불변하시듯이 성경도 불변합니다. 하나님께서 전능하시듯이 성경도 그 효과 면에서 완벽합니다. 성경은 100% 효과가 있습니다.

1. 구원의 효과

성경은 구원을 얻는 중요한 복음을 담고 있습니다. 우리에게 주신 구원에 이르는 지혜입니다. 지금까지 복음이 전해진 역사를 보면 복음이 전파된 곳마다 구원을 얻는 효과는 100% 성취되어 왔습니다. 복음이 전파되는 곳마다 구원의 역사가 이루어지지 않는 나라가 없고, 민족이 없습니다. 어느 시대, 장소마다 다 그랬습니다. 지금도 여전히 그렇습니다. 롬1:16

2. 순종과 불순종에 대한 효과

　성경은 순종과 불순종을 말씀하십니다. 하나님은 순종에 대한 축복을, 불순종에 대한 저주를 약속하셨습니다. 하나님의 말씀에 대한 인간의 반응도 둘 중에 하나입니다. 하나는 순종, 다른 하나는 불순종입니다. 그 순종에 대한 효과와 불순종에 대한 효과도 100% 이루어졌습니다. 지금도 여전히 그렇습니다. 당신에게도 여전히 그렇습니다. 신28:1-68

3. 성화와 사명의 효과

　성경은 하나님의 백성을 거룩하게 하는 규범입니다. 성경대로 순종하며 살 때 성화됩니다. 아무리 성도라 할지라도 성경을 떠나 살면 결코 성화되지 않습니다. 오히려 죄악에 빠지고, 더러워지고, 탈선하게 되고, 타락하게 됩니다. 또한 성경대로 살면 사명을 완수하게 됩니다. 성도는 모두 사명자입니다. 성경을 떠나 살면 사명대로 살아지지 않고, 사명을 완수할 수도 없습니다. 100% 그렇습니다. 성도는 오직 성경으로 성화되고 사명을 완수합니다. 행20:32

4. 현실적 효과

　어떤 사람은 성경이 비현실적이라고 말합니다. 비합리적이라고 말합니다. 성경과 우리의 삶이 무슨 상관이 있느냐고 말합니다. 성경은 우리의 삶과 너무 멀리 동떨어져 있다고 말합니다. 그러나 그것은 성경의 효과를 경험하지 못했기 때문에 나온 무지입니다. 성경은 절대 비현실적이지 않습니다. 오히려 성경은 가장 현실적입니다. 성경의 내용은 우리 인생의 시작과 삶의 마지막 종말에 대해서 실제적이고 현실적인 이야기를 담고 있습니다. 성경대로 하나님은 살아계십니다. 성경대로 우리의 생사화복은 우리 손에 있지 않고 지금도 하나님의 손에 있습니다. 성경대로 하나님의 뜻대로 살면 사랑과 은혜와 축복과 영생이 있지만, 하나님의 뜻을 떠나 살면 불행과 저주와 멸망이 있습니다. 성경대로 우리는 한 번 죽고 하나님의 심판을 받아야 합니다. 성경대로 지구의 마지막 날과 예수 그리스도 우리 주님의 재림과 심판이 다가오고 있습니다. 이것이 현실이며 그 날이 다가오고 있는 것이 현실입니다. 그래서 성경을 그대로 순종하여 살면 성경이 얼마나 우리의 현실에 깊이 들어와 있는지, 우리 인생을 얼마나 풍요롭게 하는지, 마지막 심판과 영생에 대해서도 그 효과를 100% 경험하게 됩니다. 반면 성경에 불순종해 살면 그 불순종의 결과가 어떻게 성경대로 이루어지는지를 현실 속에서 뼈저리게 경험하게 됩니다. 마지막 심판 날에는 그 현실을 더 똑똑하게 목도하게 될 것입니다. 더 늦기 전에 성경대로 살아야 합니다. 성경은 지극한 현실입니다. 눅16:19-31

성경의 효과는 지금도 100% 이루어지고 있습니다. 그동안의 인생과 경험을 추억해 보십시오. 샬롬!

서론 20

성경을 어떻게?

성경은 하나님께서 우리에게 주신 유일한 특별계시입니다. 이 성경은 우리의 유일한 인생의 지침이며, 우리 신앙의 복음이요, 율법이며, 경고이고, 우리 영혼의 양식이며 우리 삶의 기준이고 축복입니다. 그리고 마지막 심판의 근거가 됩니다. 그렇다면 이 성경을 어떻게 해야 할까요?

첫째는 읽어야

매일 지속적으로 성경을 읽어야 합니다. 매일 식사를 하듯이, 매일 일정량의 성경을 읽어야 영혼이 살 수 있습니다. 일반적으로 성도들이 하루에 10장 정도는 읽어야 기본적으로 영혼이 삽니다. 성경은 영혼의 양식입니다. 사람은 떡으로만 사는 존재가 아닙니다. 매일 하나님의 말씀을 먹어야 합니다. 마4:4, 암8:11

둘째는 들어야

성경은 읽는 것만으로는 부족합니다. 혼자 읽을 때 깨닫지 못하는 것이 많이 있습니다. 때로는 잘못 이해할 수도 있습니다. 그래서 하나님께서 목사를 세워 설교를 하게 하셨습니다. 설교를 들어야 합니다. 바른 설교를 들을 때 하나님의 말씀을 더 많이 깨닫고 이해하게 됩니다. 들을 기회를 놓치지 말아야 합니다. 행2:37

셋째는 배워야

배우고 확신한 일에 거하라고 하셨습니다. 가르쳐 지키게 하라고도 하셨습니다. 하나님께서는 목사와 교사를 세우셔서 성경을 가르치게 하셨습니다. 배워야 합니다. 배워야 성경을 보다 더 깊게, 많이 깨달아 알고 따를 수 있습니다. 부지런히 배우고 확신한 진리에 거해야 합니다. 딤후3:14

넷째는 외워야

성경을 외워서 언제 어디서든지 전천후로 하나님의 말씀을 적용하여 살 수 있게 해야 합니다. 하나님의 말씀인 성경은 우리 인생의 길에 등이요 빛이 됩니다. 마음속에 외우고 있는 하나님의 말씀이 우리의 인생의 실제 삶 속에서 얼마나 큰 능력을 발휘하는지 모릅니다. 시119:11

다섯째는 묵상해야

복 있는 사람은 하나님의 말씀을 주야로 묵상하는 사람이라고 하셨습니다. 하나님의 말씀을 깊이 되새기고 묵상하면 하나님의 말씀은 더 깊게 우리 마음과 심령에 뿌리를 내리게 되고, 영혼이 큰 능력과 힘을 얻게 되고, 신앙과 삶은 훨씬 더 풍성하게 변합니다. 정말 복 있는 사람이 되게 됩니다. 시1:2

여섯째는 순종해야

순종이 없으면 죽은 신앙과 믿음으로 전락합니다. 아무리 말씀을 읽고, 듣고, 배우고, 외우고, 묵상해도, 순종이 없으면 생명 없는 죽은 시체와 같아집니다. 순종이 없으면 제사도 소용이 없다고 하십니다. 순종이 없는 성경 지식은 무용지물입니다. 순종으로 신앙이 꽃을 피우고 열매를 맺습니다. 잠28:9

일곱째는 전파해야

전해야 합니다. 우리 주님 예수님의 명령은 이 말씀을 전하라는 것입니다. 주님의 증인이 되라 하셨습니다. 때문에 온 천하 만민에, 때를 얻든지 못 얻든지 전파해야 합니다. 이것은 우리 성도의 중요한 사명입니다. 막16:15-16

성경은 덮어 놓고 믿는 것이 아닙니다. 위의 방법으로 소화하고 소유하고 순종해야 축복이 됩니다.

신론

신론 1

하나님

　천지 만물을 창조하신 창조주 하나님이 계십니다. 그 하나님은 지금도 살아 계셔서 온 우주 만물의 창조와 통치, 그리고 모든 인생들의 생사화복(生死禍福)과 생노병사(生老病死)를 홀로 주관하고 통치하고 계십니다. 모든 것은 그 분의 뜻과 다스림대로 되고 있습니다. 우리 인생도 그 안에 있습니다. 그래서 우리는 하나님을 알아야 합니다. 하나님을 아는 만큼 하나님을 제대로 섬길 수 있고, 하나님을 모르는 만큼 하나님을 제대로 섬기지 못할 것입니다.

1. 한계

　천지를 창조하신 그 하나님은 어떤 분일까요? 우리는 그 하나님을 알아야 할 것입니다. 제대로 알아야 제대로 인생을 살고, 바르게 하나님을 섬길 수 있지 않겠습니까? 모르면 하나님을 제대로 섬기지 못하게 될 것이고, 인생을 제대로 살지 못하게 될 것입니다. 그런데 우리가 하나님을 아는 것은 한계가 있습니다. 그래서 우리는 살아계신 이 하

나님을 다 알 수 없습니다. 욥11:7-9

왜 한계가 있습니까?

첫째, 인간의 유한함

인간의 유한함 때문입니다. 우리 인간은 유한(有限)합니다. 우리는 무한(無限)하지 않습니다. 한계(限界)가 있습니다. 유한(有限)합니다. 우리의 지식도, 이해력도, 지혜도, 모든 것이 유한합니다. 한계가 분명합니다. 그래서 우리가 알 수 있는 것이 극히 제한되어 있고, 우리가 이해할 수 있는 것도 엄연한 한계(限界)가 있습니다. 그래서 우주를 보지만 우주의 극히 일부만 알고 이해합니다. 태양을 보지만 태양의 극히 일부만 알고 이해합니다. 동물과 식물, 빛과 어둠, 산과 바다 등 우리가 눈으로 보는 것과 또 눈으로 보지 못하는 것들의 모든 것을 우리는 극히 일부만 알고 이해할 뿐입니다. 이것이 피조물인 우리의 뚜렷한 한계입니다. 그러니 신(神)이신 창조주 하나님을 어찌 온전히 알 수 있겠습니까? 우리 능력으로 하나님을 아는 것은 불가합니다. 시139:6

둘째, 하나님의 무한함

하나님의 무한함, 하나님의 불가해(不可解)성 때문입니다. 하나님은 그 자체가 우리 같은 인간이 아니라 신(神)이십니다. 신이신 그 분은 우리가 이해할 수 없는 존재이며, 우리가 이해할 수 없는 영역에 계시는 분이십니다. 마치 나비는 하루살이가 이해할 수 없는 영역에 살고, 사람은 돼지가 이해할 수 없는 영역에서 살고 있듯이, 하나님은 우리 사람이 이해할 수 없는 영역에, 존재하시는 신(神)입니다. 그래서 우리가 온전히 하나님을 이해하는 것은 불가능합니다. 잠30:3-4, 롬11:33

2. 공개된 부분만

그렇다면 우리는 어떻게 하나님을 알 수 있을까요? 유일한 방법은 하나님께서 우리에게 자신을 드러내고 공개하신 특별계시인 성경을 통해서만 하나님의 일부를 알고 이해할 수 있습니다. 성경을 통해서 공개 된 부분만 이해할 수 있습니다. 이것이라도 우리에게 드러내신 것은 하나님의 사랑입니다. 그래서 특별계시인 성경이 우리에게 매우 중요한 것입니다. 우리는 성경을 통해서 하나님을 알 수 있습니다. 요5:39

신론 2

하나님을 어떻게 알지?

우리가 하나님이라는 신적인 존재를 얼마나 알 수 있을까요? 우리는 본질적으로 하나님을 알 수 없습니다. 하나님의 신적인 무한한 본질 때문에도 그렇고, 우리의 인간적인 유한한 본질 때문에도 그렇습니다.

알지 못하면

그렇다면 우리는 하나님을 전혀 알 수 없는 것입니까? 만일 우리가 하나님을 전혀 알 수 없다면, 어떻게 하나님을 알아 섬기며, 신앙할 수 있겠습니까? 알지도 못한 대상을 어떻게 믿을 수 있으며, 신뢰할 수 있고, 따를 수 있겠습니까? 그것은 참 신앙이 아니라 맹종, 맹신에 불과한 것입니다. 그럼 우리는 어떻게 하나님을 알 수 있습니까?

하나님을 알게 하기 위해 하나님께서 우리에게 주신 것이 있습니다. 그것을 통해서 하나님을 알게 됩니다.

1. 성경

성경이 있어야 합니다.

하나님을 알지 못한 채 믿을 수는 없습니다. 덮어 놓고 믿을 수는 없습니다. 분명하게 알아야 분명하게 믿을 수 있고, 신뢰할 수 있으며, 목숨을 던져 따를 수도 있는 것입니다. 그래서 하나님께서는 우리에게 하나님을 알 수 있도록 공개하신 것이 있는데, 그것이 바로 하나님의 특별계시인 성경입니다. 하나님께서는 이 성경을 통해서 하나님의 뜻을 드러내셨고, 밝혀 놓으셨습니다. 그래서 이 성경을 통해서 하나님을 알 수 있습니다. 요5:39

2. 지상명령에 순종

지상명령에 순종해야 합니다.

하나님을 아는 지식은 후천적인 지식입니다. 선천적으로 타고나는 지식이 아닙니다. 하나님께서 우리에게 주신 성경은 후천적으로 배워야 아는 지식입니다. 거듭난 영혼이 후천적으로 성경을 배워서 알 수 있는 지식이며, 배워야 깨닫게 되는 지식입니다. 듣고 배우지 않으면 알 수 없는 지식을 주신 것입니다. 그래서 배우지 않고 모른 채 믿는 것은 맹신입니다. 참 믿음이 아닙니다. 배워서 하나님을 바로 알고 바로 믿어야 합니다. 그래서 우리 주님은 "내가 너희에게 분부한 모든 것을 가르쳐 지키게 하라"는 명령을 지상명령(至上命令)으로 주셨습니다. 배우고 확신한 일에 거하라고도 하셨습니다. 배워야 합니다. 마28:18-20

3. 교회와 목회자

교회와 목회자가 있어야 합니다.

주님은 하나님께서는 교회와 목회자들을 주셔서 성경을 가르쳐 지키게 하도록 하셨습니다. 하나님의 계시인 성경을, 하나님에 의해서 거듭난 새 생명에게 교회와 목회자를 통해서 가르쳐서 그들로 지식을 깨달아 알게 하신 것입니다. 그래서 하나님을 아는 지식을 위해서 교회와 목회자가 반드시 필요합니다. 엡4;11-12

4. 거듭남

거듭나야 합니다.

하나님께서는 성령님을 통해서 거듭나게 하셨습니다. 죄와 허물로 죽었던 우리 영혼을 다시 나게 하셔서 보고, 듣게 하셨고, 깨달아 알게도 하셨습니다. 그래서 거듭난 영혼이 성경을 통해서 하나님을 알 수 있도록 하셨습니다. 어느 누구라도 거듭남이 없이는 하나님을 알 수 없습니다. 새로 태어나야 성경을 알 수 있고, 하나님을 알 수 있습니다. 거듭나야 합니다. 요3:3

5. 회심

회심이 있어야 합니다.

회심을 통해서 진정한 하나님의 사람이 됩니다. 성령께서는 우리를 도우셔서 회심하게 하십니다. 하나님에 대한 사모함이 더해집니다. 하나님 말씀에 대한 더 알고자 하는 갈망함이 더해지고, 교회와 목회자가 귀해지고, 지상명령이 축복의 명령임을 알게 됩니다. 그래서 더욱 성경을 배우게 됩니다. 더 하나님을 알아감이 깊어지게 됩니다. 각자의 회심이 반드시 있어야 합니다. 행2:37-40

신론 3

하나님의 명칭

우리가 성경을 읽다 보면 하나님을 칭하는 명칭들이 많이 나옵니다. 우리는 하나님의 명칭을 잘 알아야 합니다. 하나님께서는 하나님의 명칭을 통해서 우리에게 무엇인가를 말씀하시기 때문입니다.

하나님의 자기계시

성경에 나타나는 하나님의 명칭들은 하나님의 자기계시입니다. 하나님께서는 명칭들을 통해서 하나님이 어떤 존재이시며, 어떤 속성을 가지고 계신지를 말씀하십니다. 즉 하나님 자기 자신을 드러내시는 자기계시의 한 방편인 것입니다. 그래서 우리는 성경에 계시된 하나님의 명칭을 통해서 하나님이 누구신지를 더 알게 됩니다. 출3;14

인간의 고안물이 아님

성경에 나타난 하나님의 명칭은 인간의 고안물이 아닙니다. 인간이 지어준 이름들이 아니라는 말입니다. 비록 인간의 언어로 표현되어 있지만, 하나님께서 하나님의 영광을 위해서 친히 만들어 우리에게 알려주신 것입니다. 그렇기 때문에 성경에 계시된 하나님의 명칭들은 그 어느 것 하나도 인간이 임의대로, 함부로 바꿀 수 없습니다. 오직 하나님의 명칭을 하나님께 영광을 돌리는 방편으로만 사용해야 합니다.
사42:8

그럼 대표적인 하나님의 명칭은 무엇입니까?

1. 여호와

대표적인 명칭 중 첫째는, 여호와(Jehovah)입니다. 우리 한글 성경에도 여호와입니다. 스스로 존재하시는 자, 자존자(自存者)이심을 말씀합니다. 스스로 존재한다는 것은 어느 누구에게도 의존하지 않는다는 뜻입니다. 의존하는 피조물이 아님을 밝히시는 것입니다. 가장 신성하고, 가장 탁월한, 모든 만물의 시작자, 창조주이심을 드러내는 명칭입니다. 인간의 생사(生死)화복(禍福)을 주장하시는 절대주권자, 절대통치자이심을 드러내는 명칭입니다. 창2:4, 삼상2:6-10

2. 엘로힘

그 다음 명칭은, 엘로힘(Elohim) 또는 데오스(Theos)입니다. 우리 한글 성경에 하나님입니다. 모든 만물 위에 초월해 계신 초월자(超越者)이심을 말씀하시는 명칭입니다. 경외의 대상이며, 예배의 대상이고, 경배의 대상이신 하나님을 강조하는 명칭입니다. 홀로 높이 계신 하나님을 말씀함입니다. 시99:5

3. 아도나이

또 다른 대표적인 명칭은, 아도나이(Adonai) 혹은 큐리오스(Kurios)입니다. 우리 한글 성경에 주(主)입니다. 이것은 절대적 주권을 가지고 다스리고 통치하시는 만물의 주인이심을 천명하시는 명칭입니다. 하나님은 모든 우주 만물과, 영적 세계의 모든 것과 전 인류의 생사화복을 통치하시는 절대적 왕이시며, 주인이십니다. 마16:16

4. 아버지

또 하나의 감격의 명칭은 아버지(Pater)입니다. 우리 한글 성경에도 아버지입니다. 성자 하나님의 아버지로서, 그리고 그의 택하신 백성들의 아버지로서 자기 자신을 드러내시는 명칭입니다. 우리에게는 가장 자비롭고 은혜로운 축복의 명칭, 분에 넘치는 명칭입니다. 우리가 하나님을 아버지라 부를 수 있게 된 것은 가장 큰 축복입니다. 갈4:6

우리는 하나님의 명칭을 통해서 하나님을 더욱 깊이 알고, 더 잘 섬겨야 합니다. 그 이름을 거룩히 여겨야 합니다. 그 이름을 망령되게 하지 말아야 합니다. 출20:7, 마6:9,

신론 4

하나님의 속성(屬性) 1

하나님께서는 성경을 통해서 우리에게 자신을 계시하셨습니다. 우리는 성경을 통해서 계시된 하나님을 알게 되고, 별견하게 됩니다. 성경을 통해 하나님이 어떤 분인지 그의 속성을 알게 됩니다.

두 가지

성경을 통해서 드러내시는 하나님의 속성을 정리하면 크게 두 가지로 나누어집니다. 그 하나는 절대적 속성, 또는 비공유적 속성이고, 다른 하나는 보편적 속성, 혹은 공유적 속성입니다. 절대적 속성(비공유적속성)은 오직 하나님만 소유하고 계신 속성이고, 보편적 속성(공유적속성)은 창조하실 때 하나님의 형상대로 지으신 사람에게도 조금 넣어주셔서 사람도 조금 공유하고 있는 속성을 말합니다.

절대적 속성

그럼, 오직 하나님만 가지고 계신 절대적 속성(비공유적속성)에는 어떤 것이 있는지 살펴봅시다.

첫째, 자존성(自存性)

하나님의 자존성(自存性)입니다. 하나님은 자존(自存), 즉 스스로 존재하시는 분입니다. 영원 전부터 스스로 존재하셨고, 지금도 스스로 존재하시며, 앞으로도 영원토록 스스로 존재하시는 분이십니다. 하나님은 스스로 존재하시며, 모든 것에 스스로 만족, 자족하시는 분입니다. 이 말은 하나님은 아무 것에도 의존하지 않으시고, 의존할 필요가 없으신 분이시라는 말입니다. 누구의 도움도 필요하지 않으십니다. 하나님은 우리의 도움을 필요로 하지 않으십니다. 반면 우리는 모든 것을 하나님께 의존하는 의존적 존재입니다. 출3:14

둘째, 불변성(不變性)

하나님은 불변하시는 분이십니다. 이전에도, 지금도, 앞으로도, 영원토록 변하지 않는 분이십니다. 그 존재도, 속성도, 그 자체도, 하신 말씀과 약속도, 그 권세와 영광도, 그 어느 것도 변하지 않고 불변하시는 분이십니다. 반면 우리는 항상 변하는 존재입니다. 시102:27

셋째, 무한성(無限性)

하나님은 모든 것이 무한(無限)하십니다. 시간 면에서 무한하신 영원이시며, 장소적인 면에서 무한하신 무소부재(無所不在)이고, 능력 면에서 무한하신 전능(全能)이시고, 지식적인 면에서 무한하신 전지(全知)이십니다. 모르는 것이 없으시며, 못하실 것이 없으신 절대 무한이십니

다. 반면 우리는 모든 것이 한계가 명확한 유한한 존재입니다. 욥37:23

넷째, 단일성(單一性)

하나님은 단일하십니다. 다른 아무 것도 섞이지 않은 단순, 순수하신 분이십니다. 그렇기에 맑고 순수하고 깨끗하고 거룩하십니다. 조금의 더러움이 없으신 성결이십니다. 이 세상에 하나님 같은 분은 없습니다. 이 세상에 유일하신 하나님이십니다. 오직 이 하나님 한 분 밖에 없습니다. 반면 우리는 더럽습니다. 단순, 순수, 깨끗하지 않습니다. 사44:6

하나님은 나 없이도 아무 문제가 없습니다.

신론 5

하나님의 속성 2

하나님의 속성에는 비공유적 속성과 공유적 속성, 두 가지가 있습니다. 지난 시간에 우리는 하나님의 비공유적 속성, 즉 오직 하나님만 가지고 계신 절대적속성 네 가지를 살펴보았습니다.

공유적 속성
오늘은 하나님의 공유적 속성, 즉 우리 사람에게도 조금 넣어 주신 보편적 속성을 살펴보겠습니다. 여기에서 우리가 오해하지 말아야 할 것은, 비록 여기에서 말하는 속성이 우리 인간에게도 공유 되고 있다고 하지만, 하나님께 있는 것과 같은 완전한 것이 아니라는 것을 잊지 말아야 합니다. 인간에게 있는 것은 조금, 완전하지 않은 것으로 있기에, 인간이 하나님과 같은 것을 가지고 있는 것은 아니라는 것을 잊지 말아야 한다는 것입니다. 많은 사람들이 이 사실을 알지 못하여 교만하게 살고 있습니다. 하나님 앞에서 항상 겸손해야 합니다.

그럼, 공유적 속성(보편적 속성)에는 어떤 것이 있습니까? 성경에 드러난 것은 여덟 가지로 정리됩니다.

첫째, 지식(知識)

하나님은 지식을 가지고 계시며, 그 지식은 완전한 지식입니다. 모든 것을 아는 지식입니다. 그래서 전지(全知)라 합니다. 그래서 온 우주 만물과 사람들의 생사화복과 생노병사의 모든 것과, 영적 세계의 모든 것을 알고 계십니다. 그러나 사람은 지식을 가지고 있으나 모든 것을 다 아는 전지를 가지지는 못했습니다. 유한한 지식입니다. 겸손해야 합니다. 요21:17

둘째, 지혜(知慧)

하나님은 모든 지식을 활용하여 우주 만물과 인간의 생사화복을 경영할 지혜를 가지고 계십니다. 완전한 지혜입니다. 무한한 지혜입니다. 완전하여 조금도 부족함이 없는 지혜입니다. 그 지혜로 인생의 생사화복과 전 우주 만물을 통치하시고 섭리하시고 다스리고 계시는 지혜입니다. 그러나 인간의 지혜는 유한합니다. 사28:29

셋째, 선(善)

하나님은 선하십니다. 하나님의 선은 완전한 선이십니다. 하나님 자체가 선이시기에, 그 하시는 모든 계획과 일이 선이십니다. 모든 말씀이 선하십니다. 모든 결정이 선이십니다. 때문에 하나님에게는 조금의 악도 없습니다. 때로는 우리에게 주시는 환난과 징벌도 그 선하심에서 나온 것입니다. 그래서 결국 합력하여 선을 이루십니다. 악은 언제나 마귀에게서 나옵니다. 우리도 선을 조금 공유하고 있습니다. 시106:1

넷째, 거룩

 이 거룩하심은 피조물과 절대적으로 구별되심을 말합니다. 하나님은 피조물과 그 존재 자체가 구별되십니다. 이것은 모든 피조물을 초월하는 신적 무한성이며, 도덕적 초월성이고, 윤리적 완전성을 말합니다. 이 거룩하심 앞에서 인간은 그 누구도 도무지 설 수 없습니다. 사6:5

다섯째, 의(義)

 완전한 의(義), 옳음입니다. 이 의(義)는 선과 악을 지배하고 통치(統治)하시고 상벌(賞罰)하시는 정치적 의를 말합니다. 그래서 반드시 선과 악을 심판하시고, 그 행함에 따라서 상 줄 자에게 상주시고, 벌 줄 자에게 반드시 벌주시는 공의(公義)를 시행하시는 공의입니다. 하나님은 공의의 심판장이십니다. 완전하시고 영원한 옳음입니다. 계22:12

여섯째, 사랑

 하나님은 사랑이십니다. 완전한 사랑, 그 자체이십니다. 그런데 우리가 기억할 것은 하나님의 사랑은 자기만족적인 사랑이라는 것입니다. 하나님은 자신이 만족할 수 있는 사랑을 하십니다. 즉 공의(公義)의 사랑입니다. 그래서 독생자를 십자가에 못 박아 우리를 구원하시는 사랑을 하신 것입니다. 그래서 이 사랑을 아가페(Agape) 사랑이라고 합니다. 하나님께서 만족하시기까지 끝까지 사랑하시는 사랑입니다. 우리의 만족을 위한 사랑이 아닙니다. 우리가 다 이해할 수 없는 사랑입니다. 이 사랑이 우리에게는 없습니다. 요3:16

일곱째, 진실

하나님은 진실(眞實)하십니다. 거짓이 없으시고, 거짓말을 할 수도 없는 분입니다. 그의 말씀과 행하심은 영원히 변하지 않는 진실이기에 진리(眞理)라 말합니다. 하나님은 자신에 대해, 말씀에 대해, 피조물에 대해, 심판에 대해, 모든 행사에 대해 거짓이 조금도 없이 진실하십니다. 시117:2

여덟째, 주권(主權)

절대적 주권자입니다. 완전한 주권입니다. 하나님은 온 우주 만물을 창조하신 창조주로서 다스리시는 절대적 주권을 가지고 계십니다. 그 주권으로 우주 만물과 인간의 생사화복을 자신의 선하심과 진실하심과 무한하심으로 통치하고 다스리고 계십니다. 지금도 우리의 생노병사의 절대주권은 우리에게 있지 않고 여전히 하나님의 손에 있습니다. 하나님은 이 주권을 다른 누구에게도 넘기지 않으십니다. 사42:8

하나님은 이 공유적 속성을 인간을 창조하실 때 인간에게도 조금 넣어 주셨습니다. 이 속성을 가지고 하나님의 뜻을 따르고, 하나님의 영광이 되라고 넣어주신 것입니다. 우리가 이것을 망각하고 교만하여 제멋대로 이 속성을 사용할 때 오히려 타락하게 되어 준엄한 심판을 받게 되는 것입니다. 이 속성은 오직 하나님의 영광을 위해 사용되어야 합니다. 고전10:31

신론 6

삼위일체

우리는 하나님을 바로 알아야 합니다. 바로 알아야 바로 섬길 수 있습니다. 성경은 한 하나님이 삼위일체로 존재하신다고 말씀합니다. 이것은 일반계시에는 전혀 계시하지 않으신 내용입니다. 특별계시에만 계시하신 것입니다. 우리 인간의 이성으로는 발견할 수 없고, 완전하게 이해할 수도 없는 것입니다. 오직 성령의 은혜 속에서 거듭난 사람들만 하나님께서 허락하신 만큼 이해되는 내용입니다.

1. 삼위

성경은 하나님이 성부, 성자, 성령의 삼위로 존재하심을 말씀하십니다. 양상과 관계를 볼 때, 먼저 계신 성부는 성자를 낳으시고, 그래서 성자는 성부의 독생하신 아들이 되셨습니다. 그리고 성부와 성자에게서 성령은 나오셨습니다. 그래서 질서로 볼 때, 성부가 제1위요, 성자가 제2위이고, 성령이 제3위로 계십니다. 이 질서는 창조와 구속사역에서도 보이고 있습니다. 요1:1-3

2. 일체

하나님은 본질적인 존재에 있어서 하나이시나, 그 하나 안에 삼위가 존재하신다는 것입니다. 인격적 특성에 의해서 구별되시고, 사역의 형태에 의해서 구별되십니다. 그러나 그 삼위가 한 하나님 안에 존재하십니다. 하나님의 한 본질 안에서 같은 하나님으로 존재하십니다. 요10:30

3. 성경적 증거

1. 구약의 증거

구약에는 하나님의 삼위일체 됨을 여러 곳에서 말씀하고 계십니다. 천지를 창조하실 때, 사람을 만드실 때, 하나님 자신을 복수로 말씀하십니다. 창1:26

2. 신약의 증거

신약이 구약보다 더 명확하게 말씀하십니다. 성부 하나님이 택하신 백성들의 구원을 위해서 성자 하나님을 보내시고 오셨다는 것, 성자 하나님이 보혜사 성령 하나님을 보내시고 성령 하나님께서 강림하시고 역사하심, 또 삼위 하나님이 동시에 등장하시는 말씀들이 있습니다. 마3:16-17

4. 성부

성부 하나님이라 함은, 첫째는 온 천지 만물을 창조하신 창조주로서 모든 피조물의 시작이며 주권자로서의 부격(父格)을 말씀하시는 것입니다. 모든 피조물의 소유권은 다 성부 하나님에게 있습니다. 둘째는 삼위의 부격(父格)으로서의 하나님을 말씀하십니다. 제2위 하나님이신 성자 하나님의 아버지로서의 성부 되심을 말하는 것입니다. 이것은 하나님의 원시적인 부격(父格)으로서, 이 세상의 모든 부격(父格)은 이를 희미하게 반영하고 있는 것입니다. 셋째는 선민의 아버지로서의 부격(父格)을 말씀하시는 것입니다. 이스라엘의 아버지로서, 하나님의 택하신 영적인 자녀들의 아버지로서 신자들의 아버지 되심을 말씀하시는 것입니다. 갈4:6

5. 성자

1. 성부 하나님이 낳으신 독생하신 아들로서의 성자를 말씀하십니다. 메시야로서 성육신 하신 하나님의 아들을 말씀하심입니다. 삼위일체의 제2위로서의 성자를 말씀하시는 것입니다. 요3:16

2. 성자는 신성을 가지신 하나님의 아들이시며, 창조주이십니다. 성자의 하나님의 아들로서의 신성은, 하나님의 말씀인 성경을 통해서 분명하게 선언되고 있습니다. 성자 예수님에게 신적 명칭이 적용되고 있고, 그에게 신적 속성이 있음을 말씀하고 있으며, 신적인 사역들이 성자에 의해서 성취되었고, 신적인 영광이 성자에게 돌려졌습니다. 요1:14, 마28:18

3. 성자의 사역은 창조주로서의 사역에서 시작됩니다. 만물을 성부께서 창조하신다면, 그 만물은 성자를 통해서 창조되며 보존됩니다. 이 세상을 비추는 생명의 빛이시고, 택하신 백성들의 구원을 위한 구속 사역은 성자의 성육신과 고난, 그리고 죽으심과 부활을 통해서 이루어지게 된 것입니다. 성부 하나님 앞에서 성자 하나님은 중보자로서

사역을 하십니다. 딤전2:5

6. 성령

1. 성령의 인격성 : 지금까지 여러 분파와 사람들은 성령의 인격을 부인했습니다. 그들은 성령을 단순한 하나님의 능력이나 감화력 정도로 취급하려 했습니다. 그러나 성경은 성령을 한 인격으로 분명하게 말씀하십니다. 요14:26

2. 타위와의 관계 : 성령은 성부와 성자에게서 나오신 삼위 중에 한 하나님이십니다. 때문에 성부가 제1위요, 성자가 제2위요, 성령은 제3위가 되십니다. 갈4:6

3. 성령의 사역 : 성령은 창조와 구속에서 하나님의 일을 완성케 하십니다. 인간을 영감하시고, 재능을 부여하여 살게 하고 사역하게 하십니다. 성경을 영감으로 기록하게 하시고, 교회를 세우게 하시고, 확장하게 하시고, 가르치시고, 마지막까지 보호하시며, 인도하시고, 승리하게 하십니다. 엡2:22

신론 7

하나님의 작정

여호와 하나님은 천지를 창조하신 창조주이십니다. 지으신 그 분이 자신이 만드신 그 모든 것에 관심가지고, 간섭하고, 통치하는 것은 당연한 일입니다. 그저 만들어 놓고, 무관심, 무간섭, 무통치 하실 수가 없습니다.

1. 작정

하나님께서는 작정하십니다. 하나님께서는 계획과 목적을 가지고, 하나님의 뜻에 따라서 천지 만물을 창조하셨고, 그 만드신 모든 것을 간섭, 통치하십니다. 하나님은 무계획적으로 무엇을 하지 않으십니다. 그저 기분대로, 즉흥적으로 무엇을 하시지 않으십니다. 치밀한 계획을 세우시고 그 계획에 따라서 일을 하시고 성취하십니다. 그 계획하심을 하나님의 작정이라 합니다. 렘33:2

2. 목적

하나님은 목적이 있으십니다. 하나님은 목적 지향적인 신(神)이십니다. 목적 없이 무엇인가를 하시지 않으십니다. 임기응변, 즉흥적, 감정적으로 무엇을 하지 않으십니다. 하나님은 정하신 그 목적을 이루기 위해서 치밀하게 작정하십니다. 모든 천지와 우주 만물과 인간은 하나님의 목적이 있어서 지음 받은 것이기 때문에, 하나님의 목적을 이루어야 합니다. 전3:1

3. 주권

하나님은 주권자이십니다. 여호와 하나님께서는 실제로 모든 만물과 인간 세계, 그리고 영적 세계까지 지금도 그 주권으로 통치하고 계십니다. 살리고 죽이고, 주시기도 거두시기도, 가난하게도 부하게도, 높이기도 낮추기도 하시면서, 생사화복(生死禍福), 생노병사(生老病死)를 홀로 주관하고 계십니다. 이 세상의 그 어떤 것도 하나님의 주권을 벗어나서 존재하는 것은 없으며, 어떤 사람도 하나님의 주권을 벗어나서 살고 있는 사람도 없습니다. 자기 소견에 좋은 대로 사는 것 같아도, 결국은 하나님의 주권 안에 있을 뿐입니다. 시139:7-8

4. 두 작정

하나님의 작정에는 두 가지가 있는데, 그 하나는 허락되지 않은 작정이요, 다른 하나는 허락된 작정입니다.

1. 허락하시지 않은 작정이란, 하나님의 절대 주권에 속한 작정을 말합니다. 전적으로 하나님에 의해서 되는 것들입니다. 우리에게 그 선

택권이 주어지지 않은 작정입니다. 우리의 태어남과 죽음, 피부색과 인종, 부모와 가족, 생사화복 같은, 우리 뜻대로 되지 않는 작정을 말합니다. 오직 하나님의 절대 주권 속에서 이루어지는 작정입니다.

  2. 반면 허락된 작정은, 우리 의지로 할 수 있는 범위 안에서, 우리에게 주어진 자유의지로 할 수 있도록 허락하신 것들입니다. 순종과 불순종이 여기에 해당 됩니다. 선악과를 먹고 안 먹고는 여기에 해당 됩니다. 그래서 여기에서의 자기가 선택한 것은 자기가 책임을 져야 합니다. 그래서 마지막 심판 때에는 각 사람의 행한 대로 심판을 받게 됩니다. 이 허락된 작정은, 크게 허락되지 않은 작정 안에 있는 작정입니다. 시62:12

  그래서 우리 인생에 우연이나 운명은 없습니다. 모든 것이 하나님의 작정 속에서 이루어지고 있는 것입니다. 그래서 우리는 하나님의 뜻을 찾아 따라 살아야 안전한 것입니다. 마지막에 잘 했다 칭찬과 상급을 받을 수 있습니다.

신론 8

하나님의 예정

여호와 하나님께서는 모든 만물을 창조하시고 다스리심에 있어서 작정하고 그 작정하심에 따라 통치하십니다. 그저 주먹구구식으로 하지 않으십니다. 기분 내키는 대로 하지 않으십니다. 치밀한 계획에 의해서 작정하시고, 그 작정에 의해서 치밀하게 만물을 통치하고 다스리시는 것입니다.

1. 예정(豫定)

하나님의 작정은 예정하시는 데서 시작됩니다. 미리 장래와, 영원까지를 내다보시면서 계획하시고 작정하시는 것입니다. 이것을 하나님의 미리 정하심이라 하여 예정(豫定)이라 부릅니다. 하나님께서는 이 세상의 모든 만물과 사람을 하나님의 예정에 의해서 통치하시며 다스리고 계십니다. 엡1:5

2. 목적

하나님의 예정의 목적은, 본래의 목적을 이루시기 위함입니다. 하나님께서 온 천지와 만물, 그리고 모든 사람을 창조하실 때, 그 목적이 분명하셨습니다. 그리고 그 목적을 가장 효과적으로 성취하기 위해서 예정을 하신 것입니다. 그러므로 하나님의 예정은 그 목적을 향해 나아갑니다. 그 목적은 무엇입니까? 하나님의 영광입니다. 하나님의 영광을 위해서 하신 것입니다. 때문에 우리의 모든 것도 하나님의 영광으로 향해야 합니다. 그것이 옳습니다. 사43:7

3. 대상

하나님의 예정의 대상은 모든 인류입니다. 즉 모든 사람입니다. 남녀노소, 신분 귀천 가림이 없이 모두 여기에 포함 됩니다. 그리고 모든 영적 존재, 즉 천사와 마귀와 귀신들도 포함됩니다. 그리고 예수그리스도 우리 주님의 사역도 하나님의 예정에 포함됩니다. 하나님의 예정에서 벗어나 있는 것은 아무 것도 없습니다. 롬9:10-13

4. 내용

하나님의 예정의 내용에는 두 가지가 있습니다. 그 하나는 선택(選擇)이고, 다른 하나는 유기(遺棄)입니다. 즉 어떤 대상은 선택하셨지만, 어떤 대상은 버리셨다는 것입니다. 그것은 하나님의 완전하시고 실수가 없으시고 선하신 뜻에 따라서 하신 것입니다. 하나님의 완전하신 선택과 유기입니다. 왜 어떤 사람은 선택하셨고 어떤 사람은 버리셨는지, 우리의 지식과 머리로는 다 이해가 되지 않습니다. 아니 이해 할 수 없습니다. 그것이 우리의 한계입니다. 그것은 나중에 천국에 가서 보면 더 분명히 알게 될 것입니다. 선택된 사람들은 그저 감사하며 따르면 됩니다. 롬9:15-16

5. 전지(全知)

하나님은 전지(全知)하십니다. 모든 것을 다 아십니다. 하나님은 시간을 초월하여 영원으로 계십니다. 때문에 하나님은 과거, 현재, 미래를 다 아십니다. 그러므로 하나님은 예정에 실수가 없으시며 실패도 없으십니다. 시135:13-14

신론 9

하나님의 창조

여호와 하나님께서는 완전하심에도 불구하고 무계획적으로 무엇을 하시지 않습니다. 항상 계획하시고 그것을 실행하십니다. 그래서 더 완전하시고, 실수가 없으시며, 결코 실패하지 않으십니다. 하나님께서 작정하신 계획을 실행하시는데, 그 첫 번째 사역은 창조입니다. 창조로 작정하신 일을 시작하시는 것입니다.

1. 창조

"창조"란 무엇입니까? "아무 것도 없는 무(無)에서 무엇인가 있는 유(有)를 만들어 내는 행위"입니다. 그렇습니다. 하나님은 무(無)에서 유(有)를 만들어 내십니다. 그것은 인간은 하지 못하고 오직 스스로 존재하시는 자존자(自存者) 여호와 하나님이라는 절대 신(神)만이 하실 수 있는 일입니다. 창조는 하나님만이 하시는 고유 사역이십니다. 인간이 흉내 낼 수 없습니다. 창1:1

2. 주권적 행위

창조는 하나님의 자유적 행위이며 자원(自願)적 행위이고 주권적인 행위입니다. 때문에 이 하나님의 창조 행위에 대해서 그 누구도 개입할 수도 없으며 반대할 수도 없습니다. 하나님께서 전적인 하나님의 뜻에 따라서 하시는 주권인 것입니다. 단4:34-35

3. 시기

하나님께서 창조하신 시기는 태초(太初)입니다. 아직 아무 것도 없던 태초, 아직 아무 것도 시작되지 않은 태초입니다. 전혀 아무 것도 없던 태초에 하나님께서 말씀하시기 시작하셨고, 그 말씀에 따라서 무(無)에서 유(有)가 하나하나 창조된 것입니다. 그리고 그 창조는 지금도 계속되고 있습니다. 창1:1-31, 시139:13

4. 목적

그렇다면 하나님께서 창조하신 목적은 무엇입니까? 그것은 하나님의 영광을 위함입니다. 하나님 자신의 만족하심입니다. 그래서 창조하시고 심히 좋았다고 하신 것입니다. 모든 피조물은 하나님의 영광을 위해서 존재하고, 존재해야 합니다. 하나님의 영광이 되어 하나님 보시기에 심히 좋아야 합니다. 창1:31

5. 착각

우리가 착각하는 것이 있는데, 그것은 창조의 목적이 우리의 만족과 영광, 잘됨과 번영, 형통과 사랑 받음이라고 생각하는 것입니다. 그러나 그것은 중차대한 착각입니다. 오해입니다. 나와 만물이 만들어진 목적은 오직 하나님의 영광, 하나님의 만족입니다. 그래서 먹든지 마시든지 무엇을 하든지 하나님의 영광을 위해 하라고 말씀하시는 것입니다. 이 중차대한 착각이 인류와 인생을 불행하게 만들고, 자연을 망가뜨리는 가장 큰 원흉이 된 것입니다. 이 본래의 목적에서 벗어남으로 불행이 시작된 것입니다. 오히려 다시 본래의 창조의 목적으로 돌아갈 때 잃었던 만족과 잘됨, 형통과 사랑받음을 되찾을 수 있습니다. 시1:1-6

6. 피조물

그렇다면 하나님께서 창조하신 것은 무엇입니까? 하나님에 의해서 만들어진 피조물(被造物)은 무엇입니까? 그것은 모든 사람과, 온 우주 만물, 천사들과 타락한 천사들, 즉 마귀와 귀신들까지 포함한 이 세상의 모든 물적인 것과 영적인 것, 눈에 보이는 것과 보이지 않는 것입니다. 그리고 시간입니다. 때문에 지금도 이 모든 것의 주인은, 이 모든 것을 만드신 창조주 하나님이십니다. 당신도 하나님의 것입니다. 사43:1

신론 10

하나님의 섭리(攝理)

우리 기독교 신앙은 이 세계와 하나님을 혼동하는 범신론(汎神論)을 반대합니다. 또한 이 세계로부터 하나님을 분리시키는 자연신론(自然神論)도 거절합니다. 그 이유는 창조주 하나님은 지금도 온 우주 만물을 창조하신 주인으로서 자신의 작정하신대로 섭리(攝理)하고 계시기 때문입니다.

1. 섭리

"섭리(攝理)"란 무엇입니까? "섭리(攝理)"는 하나님께서 창조하신 피조물을 그의 작정하신대로 간섭하시고 다스리시는 행위를 말합니다. 하나님은 천지만물을 창조만 하시고 무간섭, 방치하시는 것이 아니라 세심하게 간섭하시며 통치하십니다. 우리의 생사화복이 하나님의 다스리심에 있습니다. 그것을 섭리라 합니다. 시22:9-10

2. 대상

그럼 섭리의 대상은 무엇입니까? 그가 지으신 모든 것입니다. 영적 세계의 천사와 마귀, 귀신들, 그리고 모든 사람들, 그리고 세상에 존재하는 모든 우주 만물, 그리고 시간과 공간, 눈에 보이는 것과 보이지 않는 것 등 모든 것이 그분의 섭리의 대상입니다. 하나도 빠짐이 없습니다. 신32:39

3. 목적

섭리의 목적은 무엇입니까? 간섭하시고 다스리시는 목적은 마땅히 받으셔야 할 하나님에 대한 경배와 영광입니다. 그리고 하나님의 뜻하신 바를 성취하심입니다. 여기에 사람을 포함한 모든 만물은 순종해야 합니다. 그것이 피조물의 본분이며 행복입니다. 하나님은 하나님의 영광을 결코 다른 피조물에게 주시지 않으십니다. 사42:8

4. 종류

섭리의 종류에는 어떤 것이 있습니까?

첫째는 모든 피조물을 대상으로 하시는 일반섭리입니다.

둘째는 하나님의 택한 백성을 대상으로 하시는 특별섭리입니다.

셋째는 비상(非常)적 방법으로 행하시는 비상섭리입니다. 필요하시면 하나님의 뜻을 이루시고, 하나님의 백성들을 지키고 이끄시고 보호하시기 위해서 비상섭리를 사용하십니다.

우리는 이 세 가지 섭리를 경험하며 살고 있습니다. 수10:12-14

5. 요소

섭리의 요소가 있습니다.

첫째는 보존입니다. 보전하여 존재케 하시는 일을 하십니다. 모든 존재하는 것들은 이 하나님의 보존의 섭리에 의해서 보존되는 것입니다.

둘째는 협력입니다. 하나님의 뜻을 이루고 영광을 나타내기 위해서 하나님은 도우시고 협력하십니다. 이 협력하심으로 인해 우리는 존재하고, 하나님의 뜻을 이루어 갈 수 있는 것입니다.

셋째는 통치입니다. 하나님의 뜻대로 되게 하시는 통치입니다. 결국 우리 뜻이 아니라 하나님의 뜻대로 되게 하시는 것입니다. 벧후2:4-6

지금도 하나님의 이 섭리하심 속에서 세상의 모든 것들은 시작되고, 존재하고, 끝을 향해 달려가고 있는 것입니다. 어느 누구도 이 하나님의 섭리를 거스를 수 없습니다.

인간론

인간론 1

인간의 구조

하나님이 창조하신 피조물 중에서 가장 걸작품(傑作品)은 인간입니다. 6일 동안 창조하신 우주만물 중에서 인간보다 더 우수한 존재는 없습니다. 천사까지도 인간보다 귀한 존재로 지음 받지는 못했습니다. 그래서 인간을 하나님 창조물 중의 면류관이라 하기도 합니다. 그 인간은 어떤 구조를 가지고 있습니까?

1. 육체

첫째는 육체입니다. 이 육체는 하나님께서 흙으로 만드셨습니다. 흙으로 아름답게 빚어서 인간을 만드셨습니다. 그래서 인간은 흙으로 된 육체를 가지고 있습니다. 그래서 육체는 흙에서 나는 것으로 살고 유지합니다. 흙에서 나는 음식을 먹고, 흙에서 나는 것을 입고, 쓰고 삽니다. 그래서 하나님께서는 인간의 육체를 위해서 흙에서 각종 필요한 모든 것이 나게 하셨습니다. 그리고 이 육체는 결국 죽어 다시 흙으로 돌아가게 됩니다. 창3:19

2. 영혼

둘째로 영혼입니다. 인간은 영혼이 있습니다. 육체 속에 영혼이 깃들어 있습니다. 하나님께서 인간을 만드실 때, 먼저 흙으로 육체를 만드신 후에, 그 코에 생기를 즉 생령(生靈)을 불어 넣으시니 생령이 되었습니다. 그래서 인간은 영혼을 함께 가지고 있는 존재입니다. 영혼은 하나님께로부터 왔습니다. 그래서 영혼은 하나님을 떠나면 죽습니다. 하나님께로부터 나오는 것을 먹고, 마시고, 쓰면서 살아야 합니다. 하나님께로부터 나온 하나님의 말씀과 사랑과 은혜와 돌보심과 사명, 그리고 성령의 함께 하심이 있어야 영혼이 안전하고 행복하게 잘 살 수 있습니다. 그래서 사람은 떡으로만 살 수 없습니다. 창2:7, 마4:4

3. 경중

그럼 육체와 영혼, 둘 중에 어느 것이 더 중요할까요? 물론 둘 다 하나님께서 지으신 것이기에 중요하지만, 우리는 무엇에 더 초점을 맞추며 살아야 할까요? 그 답은 성경에 있습니다. 성경은 "네 영혼이 잘 됨 같이 범사가 잘되고 강건하기를 원하노라"고 가르쳐 줍니다. 영혼이 먼저요, 다음은 범사요, 그 다음은 강건이라고 말씀하십니다. 영혼이 잘못되면 모든 것이 다 잘못되는 것입니다. 사람은 떡으로만 살 수 있는 존재가 아니기 때문입니다. 영혼이 먼저 잘되게 해야 합니다. 요삼1:2

4. 문제

문제는 많은 사람들이 거꾸로 살고 있다는 것입니다. 육체를 첫째로, 범사(사명)를 그 다음으로, 영혼은 제일 마지막으로 여기며 살고 있습니다. 그저 육체의 먹고 마시고, 시집가고 장가가고, 사고 팔고, 집짓고를 우선에 두고서 살고 있습니다. 그래서 모든 인생과 일들이 꼬이고 망가지고 불행합니다. 그러나 사람은 절대 육체로만 살 수 있는 존재가 아닙니다. 영혼이 잘 되어야 그 다음이 다 잘 될 수 있습니다. 순서를 바르게 해야 합니다. 눅17:27-29

인간론 2

하나님 형상, 인간

하나님은 사람을 창조하시되 하나님의 형상을 따라 창조하셨습니다. 다른 어떤 것도 하나님의 형상대로 지으신 것은 없었습니다. 오직 사람만을 하나님 형상대로 만드신 것입니다. 그럼 하나님의 형상으로 지음 받았다는 것은 무슨 의미일까요?

첫째, 하나님을 드러내심

첫째는 하나님께서는 자신의 형상을 가진 사람을 통해서 하나님 자신을 드러내시고자 하신 것입니다. 사람은 하나님의 형상을 소유하고 있기 때문에 하나님의 영광을 드러내야 합니다. 그것이 사람의 제일 되는 본분입니다. 마5:16, 엡4:13

둘째, 하나님의 대리자

둘째는 하나님의 대리자로서 세상을 다스리게 하신 것입니다. 세상을 통치하시는 하나님께서는 하나님의 형상대로 지으신 사람을 대리자로 세우셔서 온 세상 만물을 하나님의 뜻대로 다스리려 하신 것입니다. 때문에 하나님의 형상대로 지어진 사람은, 자신이나 세상이나 다른 어떤 뜻이 아니라, 오직 하나님의 뜻대로 세상을 다스려야 하는 사명이 있습니다. 이 사명을 이루며 살아야 합니다. 이 사명을 이루며 살 때 행복하고, 인생이 바르게 됩니다. 창1:27-28

셋째, 하나님 닮은 후손

셋째는 하나님의 형상을 닮은 경건한 후손을 낳아 번성하게 하기 위함입니다. 하나님께서는 우리가 비록 죄악이 관영한 세상 속에 살지만, 우리를 통해서 하나님을 닮은 경건하고 거룩한 후손을 얻기를 원하셨습니다. 우리는 그런 후손을 낳아서 양육해야 하는 것입니다. 거룩한 대(代)가 끊어지지 않게 해야 합니다. 말2:15

넷째, 영원히 함께

넷째는 우리로 영원한 하나님의 나라에서 하나님과 영원토록 함께 살고자 하심입니다. 하나님의 형상대로 지어진 사람과 함께 영원한 낙원인 하나님의 나라, 천국에서 영원토록 사랑하시며 행복하게 살고자 하시어 하나님의 형상대로 지으신 것입니다. 하나님의 형상을 회복한 사람들이 하나님의 나라에서 영원토록 하나님과 함께 살게 됩니다. 요14:1-4

인간론 3

행위언약 속의 인간

하나님께서는 자신의 형상을 따라 창조한 사람과 언약(言約)을 맺으셨습니다. 하나님께서 최초의 사람인 아담과 하와와 맺은 첫 언약이 행위언약(行爲言約)입니다. 선악과를 두고 "너희가 먹지 말라. 먹는 날에는 정녕 죽으리라"고 언약하시었습니다. 그리고 그 후로도 율법을 주시면서 행위언약을 말씀하셨습니다. 그리고 누구든지 각자가 행한 대로 갚으리라고 행위언약을 강조하셨습니다. 우리는 하나님과의 행위언약 속에 살고 있습니다.

1. 언약의 당사자

언약의 당사자는 창조주 하나님과 피조물인 사람입니다. 창조주 하나님께서는 모든 만물과 사람을 창조하시고, 그 중에서도 사람과 그 행위를 근거로 하는 이 행위언약을 체결하셨습니다. 창2:16-17

2. 언약의 내용

언약의 내용은 순종하면 영생과 하나님의 은혜와 사랑이 있고, 불순종하면 반드시 죽으리라는 것이었습니다. 이 죽음에는 육체적 죽음, 영적인 죽음, 영원한 죽음을 포함하고 있습니다. 여기에서 말하는 죽음이란, 존재의 멸절을 말하는 것이 아니라, 생명의 근원으로부터의 분리를 말하는 것으로써, 피조물로써는 창조주 하나님과 단절되어 전혀 소망이 없어진 것을 말합니다. 창2:17, 신28:1-68

3. 언약의 조건

언약의 조건은 무조건적인 것이었습니다. 창조주 하나님께서 피조물인 인간에게 무조건적으로 맺으신 언약인 것입니다. 사실 피조물인 인간은 창조주이신 하나님께서 무조건으로 주시지 않으면 하나님께로부터 아무 것도 받아 누릴 수 없습니다. 하나님의 계시도, 구원도, 사랑도, 은혜도, 생(生)도 사(死)도, 화(禍)도 복(福)도 그렇습니다. 롬11:35-36

4. 언약의 기준

언약의 기준은 하나님의 말씀입니다. 최초에 주신 말씀 "먹지 말라, 먹는 날에는 정녕 죽으리라" 하신 것을 비롯하여, 그 후에 주신 율법과 복음의 성경말씀이 그 기준이 됩니다. 그래서 그 말씀에 순종하는가 불순종하는가에 따라서 생사화복이 결정되어지는 이 언약이 바로 행위언약인 것입니다. 지금도 이 언약은 그대로 존재하고 있습니다. 그래서 행함이 없는 믿음은 죽은 믿음이 되는 것입니다. 신30:19-20, 약2:17

5. 언약의 완성

　구원과 영생을 얻기 위한 행위언약은 예수님의 십자가의 죽으심과 부활로 완성되었습니다. 구원을 위한 행위언약은 십자가로 완성 된 것입니다. 그러나 이 땅에서의 하나님의 자녀와 백성으로서 그 자녀답게 성장하고, 성숙하고, 살아가고, 그 백성답게 거룩해져가는 것을 위한 행위언약은 그대로 존재하고 있습니다. 축복과 영원한 상급을 위한 행위언약도 지금도 여전히 남아 유효하게 작용하고 있습니다. 그래서 이 행위언약 없이는 하나님 자녀다워질 수 없고, 하나님 백성으로서의 성화(聖化)될 수 없으며, 하나님께서 주시는 다양한 축복과 사랑과 은혜, 그리고 마지막 영원한 상급은 받아 누릴 수 없습니다. "인자가 올 때 각 사람의 행한 대로 갚으리라"하셨기 때문입니다. 우리는 지금도 이 행위언약 속에서 살고 있습니다. 마16:27

인간론 4

★

죄

 인간은 모두 죄인입니다. 태어날 때부터 죄인이기 때문에, 전 인생과 삶이 죄에 빠져있습니다. 어떤 사람도 죄에서 벗어나 사는 사람은 단 한 사람도 없습니다. 신분 귀천 무론하고 모든 인류는 죄 속에 살며, 죄로 인한 하나님의 진노와 저주 아래 있으며, 죄로 인한 고통과 사망 속에서 살고 있습니다. 아무리 성공을 하고, 출세를 하고, 공부를 하고, 돈을 벌어 갑부가 되어도 이 죄의 굴레에서 벗어날 수 없는 죄인일 뿐입니다. 이것이 인류의 저주입니다.

1. 죄는 무엇?

 진화론자들은 동물로부터 물려받은 성향, 충동, 성욕 등이 죄의 기원이라고 말합니다. 그러나 틀렸습니다. 동물에게는 죄가 없기 때문입니다. 그럼 죄란 무엇입니까? 그 답은 성경에 명확하게 기록하고 있습니다. 죄란 피조물인 인간이 창조주인 하나님의 말씀을 어기면서 시작된 것입니다. 죄는 창조주 하나님과 관계에서 시작된 것입니다. 성경에서 말하는 죄란 "과녁을 벗어났다"라는 말인데, 그 과녁이란 하나님의 말씀이며, 하나님의 뜻입니다. 사람이 그 하나님의 뜻을 벗어난 것을 말합니다. 창2:16-17,3:1-6, 롬14:23

2. 죄의 기원

죄의 기원은 인간의 독립입니다. 하나님처럼 되고자 하는 교만과 탐욕입니다. 애초 인류의 조상인 아담과 하와가 하나님께서 먹지 말라 명령하신 선악과를 고의로 따먹는, 즉 과녁을 벗어난 불순종의 행위는, 곧 창조주를 버리고, 피조물의 독립을 선언한 교만과 욕심인 것입니다. 이것을 탈선이라 하며 타락이라 하고, 그것이 인류의 죄의 시작입니다. 인간은 자존자(自存者)가 아닙니다. 절대 독립할 수 없는 존재이며, 태어나서 죽을 때까지 생사화복이 창조주 하나님께 의존되어 있는 피조물입니다. 결코 하나님이 될 수 없는 존재입니다. 창3:19, 히9:27

3. 죄의 과정

죄의 과정은 어떻습니까? 먼저 하나님의 말씀이 있습니다. 하나님은 우리에게 말씀하십니다. 그 다음은 하나님의 말씀과 뜻을 거역하게 하는 마귀의 유혹과 공격이 있습니다. 마귀는 끊임없이 사람을 유혹하고 공격합니다. 그 뒤에는 인간 마음의 교만과 욕심이 머리를 들고, 그 교만과 욕심을 이기지 못한 인간이 그 교만과 욕심을 따라 하나님의 뜻을 거역하게 됩니다. 죄를 범하게 되는 것입니다. 이것이 죄의 과정입니다. 지금도 이 과정은 계속되고 있습니다. 이 과정을 따라가면 안 됩니다. 약1:14-15

4. 죄의 결과

　죄의 결과는 무섭습니다. 죄는 먹을 때는 달콤하지만, 그 결과는 끔찍하도록 무섭고, 아프고, 슬프고, 쓰디씁니다. 먼저 이 땅에 사는 동안에 죄의 결과를 가지게 됩니다. 죄는 나를 지으신 하나님과의 관계를 단절시킵니다. 그리고 하나님의 형상을 상실하게 되며, 하나님의 사랑과 은혜와 축복을 잃게 됩니다. 한 걸음 더 나아가 부패가 시작되어, 마음과 생각과 몸과 사람이 점점 더 부패하고 썩어가게 됩니다. 그리고 영혼의 무감각과 무능에 처하게 되며, 부패의식과 죄책의식을 갖고 신음과 탄식과 두려움과 염려 속에서 살게 됩니다. 결국 사망의 법에 종속되어 살아가게 됩니다. 그러다가, 이 세상을 떠난 후에는 사망의 지옥 멸망에 영원히 버려지게 되고, 영원토록 슬피 울면서 이를 갈며 지옥 멸망에서 살게 됩니다. 처참하고 끔찍한 결과입니다. 죄의 문제를 해결하고 죄를 멀리 해야 합니다. 창3:17-19, 마25:41, 막9:43-49

인간론 5

죄의 본질

죄의 본질은 무엇입니까? 인간의 가장 큰 문제와 불행은 죄와 그 죄로 인해서 하나님의 진노와 형벌 아래 있음으로 발생되는 것입니다. 인류가 안고 있는 수많은 불행과 문제들, 그리고 사회악들과 풀지 못하는 다양한 문제들이 정치의 문제, 교육의 문제, 경제의 문제, 의료의 문제 등과 같은 문제들 같지만, 사실은 그렇지 않습니다. 그 모든 문제들은 다 인간의 죄의 문제이며 죄의 결과입니다. 때문에 우리는 죄의 본질을 알아야 합니다. 그래야 그런 불행에서 벗어날 수 있습니다. 그럼 죄의 본질은 무엇입니까?

1. 특별악

죄는 특별악(特別惡)입니다. 이 세상에는 질병, 가난, 불평등, 탐욕, 절망, 싸움, 미움, 시기, 질투, 비교, 경쟁, 죽음 등 수많은 악이 존재합니다. 죄는 이런 악들 중에서도 근본적으로 이 모든 악들을 존재하게 하는 특별한 악입니다. 근본적으로 사람으로 하여금 하나님을 떠나게 하고, 하나님의 영광에 이르지 못하게 하고, 하나님의 진노 아래 이르게 하는 특별악(特別惡)입니다. 롬3:23

2. 절대적

죄는 절대적입니다. 죄는 중간이 없습니다. 선과 악 사이에 중간은 없습니다. 절대적으로 선이든지 악이든지 둘 중에 하나입니다. 하나님과 마귀 사이에도 중간은 없습니다. 구원과 멸망, 천국과 지옥 사이에도 중간은 없습니다. 죄는 절대 중간이 없습니다. 절대 악에 속하고, 절대 마귀에 속하고, 절대 멸망, 절대 지옥에 속하는 것입니다. 고후6:14-16

3. 죄의 판단자

죄의 판단자는 하나님이십니다. 죄는 하나님과 관계된 것입니다. 우리가 사람 사이에 죄를 범하는 것 같아도, 먼저 하나님과 관계에서 죄를 범하고 있는 것입니다. 죄의 판단자는 하나님이시며, 정죄하는 분도 하나님이시고, 죄를 심판하시는 분도 하나님이고, 죄를 용서하시는 분도 하나님이십니다. 왜냐하면 우리는 하나님에 의해서 지음 받은 존재이고, 우리 모두는 하나님과 하나님의 말씀 앞에 있고, 모든 삶의 현장에서 무슨 일을 하든지, 먼저 하나님과 하나님의 말씀 앞에서 행하는 것이기 때문입니다. 그리고 그 모든 행위는 먼저 하나님이 판단하십니다. 죄는 하나님과 관계됩니다. 창39:9

4. 죄책과 오염

죄는 반드시 죄책과 오염을 동반합니다. 죄를 가지면 그에 대한 강력한 죄에 대한 책임, 즉 죄책이 동반됩니다. 반드시 그 죄에 대한 책임을 져야 합니다. 피하거나 도망갈 수 없습니다. 죄책은 이 땅에 사는 동안과, 죽어서 영원토록 따라 갑니다. 또한 동시에 죄로 인한 오염이 시작됩니다. 죄는 우리의 마음과 육체와 신앙과, 전 삶을 오염시킵니다. 부패하게 합니다. 죄로 인한 오염은 영혼과 범사(凡事)와 육체를, 그리고 전 생활까지 오염시켜 인생 전체를 썩고 부패하게 만드는 것입니다. 그 죄책과 오염으로 인해 더욱 하나님의 진노가 임하게 되고, 그 아래 놓이게 되어 더 불행해지고 결국 진노의 자식이 되어 멸망하게 합니다. 엡2;1-3

5. 외부적 행위로만 끝나지 않음

죄는 외부적인 것으로만 끝나지 않습니다. 죄의 자리는 마음이기 때문에, 죄는 외부적 행위로만 끝나지 않습니다. 죄의 행위는 마음까지 오염시키고, 온 몸과 영혼까지 오염시키게 됩니다. 보이는 곳뿐만 아니라, 보이지 않는 곳까지 오염시킵니다. 그래서 죄와 형벌의 상태는 몸뿐만이 아니라 영혼까지, 이 세상 뿐 아니라, 저 영원한 내세까지 더 심화하게 됩니다. 이것이 죄와 죄인의 깊고 뼈저린 비극입니다. 이것이 죄의 본질입니다. 마23;27

인간론 6

죄의 보편성

인류의 모든 불행과 슬픔은 죄로 인해서 시작된 것입니다. 인류가 인지하든 인지하지 못하든 이것은 사실이며 진리입니다. 많은 사람들이 이 진리를 인식하지 못하고 사는 것이 불행한 현실이지만 이것이 현실입니다. 어쩌면 인류 역사의 불행이 지금까지 그 어떤 노력과 방법으로도 해결이 되지 않은 채 계속되는 이유는 이러한 무지 때문일 것입니다. 원인을 알지 못해서 해결하지 못하고, 해결하지 못하니 불행의 악순환이 반복되고 있는 것입니다.

1. 죄의 보편성

죄는 보편적입니다. 사람이 존재하는 모든 곳에는 죄가 존재합니다. 동서고금, 시간과 장소를 가리지 않고 사람이 사는 곳에는 반드시 죄가 함께 거기에 있습니다. 사람이 있는 곳에 죄가 있고, 죄가 있는 곳에 사람이 있습니다. 그리고 그 죄로 인해서 그 인간사회는 썩고 부패하고, 탈선하고 타락합니다. 왜 일까요? 죄의 보편성 때문입니다. 왜

죄는 인간이 사는 모든 사회에 보편적일까요? 롬3;10-18

2. 원죄(原罪)

사람은 태어날 때부터 죄를 가지고 태어납니다. 이것을 원죄(原罪)라고 말합니다. 아담과 하와 이후 모든 사람은 태어날 때부터 부모로부터 죄를 물려받아 태어납니다. 우리는 누구나 할 것 없이 부모가 죄인이고, 죄악 중에 잉태되고, 죄악 중에 출생합니다. 그래서 우리는 모두 죄를 가지고 태어납니다. 남녀노소, 신분 귀천을 가리지 않고 누구나 같습니다. 그래서 아무리 죄와 죄의 결과로부터 벗어나려 해도 벗어나지지 않는 것입니다. 이 원죄가 단단히 우리를 얽어매고 있습니다. 시51:5

3. 자범죄(自犯罪)

원죄(原罪)라는 죄의 뿌리를 가지고 태어난 인간은 죄를 범하기 시작합니다. 누가 가르쳐주지 않아도 죄와 친숙합니다. 죄에 익숙합니다. 죄를 좋아하고 즐깁니다. 그래서 자연스럽게 죄를 범합니다. 이것을 자범죄(自犯罪)라고 합니다. 자기 스스로 범한 죄를 말합니다. 즉 자신 안에 있는 원죄의 죄성(罪性)으로 인해서 자연스럽게 죄를 범하고, 죄의 열매를 맺게 됩니다. 이로 인해서 죄인은 인생을 살수록 더 많은 죄를 범하는 죄인이 되어가는 악순환이 계속되는 것입니다. 약1:14-15

4. 죄는 성향

죄는 모방이 아니라 이미 내재하는 깊은 성향입니다. 이것을 죄성(

罪性)이라 합니다. 사람들에게 죄를 범하지 말라고 그렇게 가르치고 책망하고 훈계를 해도 죄를 쉽게 범하고 버리지 못합니다. 반면에 선함과 의로움은 그렇게 가르치고 또 가르쳐도 잘하지 못하고 싫어하는 것을 보게 되는데 그 이유가 바로 이 죄의 성향인 죄성(罪性) 때문입니다. 그래서 인간은 이로 인해서 모든 죄의 불행에서 벗어나지 못하는 것입니다. 아무리 제도를 고치고, 정부를 바꾸고, 부유하게 해주고, 모든 노력을 해 보아도 인류역사가 바뀌지 않는 이유는 바로 이 죄의 보편성 때문입니다. 오히려 고치고 바꾼 제도로 또 범죄하고, 부유해진 재물로 더 범죄 합니다. 이것이 인간과 인류의 끝없는 비극의 원인입니다. 롬7:24

인간론 7

속죄(贖罪)언약

이 끔찍한 죄의 보편성에서 어떻게 벗어날 수 있을까요? 이 죄의 무서운 저주와 멸망에서 어떻게 구원을 얻을 수 있을까요? 그 답은 하나님의 말씀인 성경에 있습니다.

성경은 하나님께서 우리에게 주신 언약(言約)입니다. 약속입니다. 성경에 크게 세 언약이 있습니다. 그것은 행위언약(行爲言約), 속죄언약(贖罪言約), 은혜언약(恩惠言約)입니다. 행위언약은 이미 우리가 살펴보았습니다. 이제 두 번째 언약인 속죄언약을 살펴볼 차례입니다. 일명 "평화의 의논"이라고도 말하는 이 속죄언약(贖罪言約)은 우리에게 매우 중요한 언약입니다. 이 속죄언약으로 인해서 우리가 죄와 멸망에서 구원을 얻을 수 있는 토대가 마련된 것입니다.

1. 하늘의 논의

이 속죄언약(贖罪言約)은, 죄로 인해서 영원토록 하나님의 진노 아래 있어야 하고, 영원한 지옥 멸망에 던져질 구제불능(救濟不能)인 죄인인 인간을 어떻게 할 것인가? 그 죄를 어떻게 할 것인가? 죄인인 우리를 그대로 멸망하게 둘 것인가, 아니면 그 죄와 멸망에서 구원할 것인가? 구원할 것이면 어떻게 구원할 것인가? 에 대한 하늘에서 이루어진 하나님 간의 논의입니다. 이 논의가 우리 죄인들의 구원의 시작입니다. 사54:10

2. 언약의 당사자

이 속죄언약의 당사자에는 형벌의 당사자인 죄인 된 인간은 포함되지 않습니다. 왜냐하면 죄인인 인간은 이런 것을 논의할 자격이 없기 때문입니다. 이미 죄로 인해 죽어 있기 때문입니다. 대신 하늘에 계신 삼위일체 하나님의 대표자인 성부(聖父) 하나님과, 하나님의 택한 백성들과 죄인들의 대표자인 성자(聖子) 하나님이 그 당사자가 되셨습니다. 성부 하나님과 성자 하나님께서 마주 앉으셔서 이 속죄언약을 맺으신 것입니다. 요3:16

3. 언약의 내용

그럼 그 속죄언약의 내용은 무엇입니까?

첫째 택정하심.

창조주 하나님은 죄로 인하여 영원한 멸망을 받게 된 죄인들, 영원한 멸망을 받아야 마땅할 죄인들 중에, 하나님의 기쁘신 뜻에 따라서 그 일부의 죄인들을 선택하여 그들의 죄에서 구원하시기로 작정하셨습니다. 우리가 아직 죄인일 때 영원한 하나님의 기쁘신 뜻과 섭리 속에서 미리 죄와 멸망 중에서 구원할 자들을 택정하신 것입니다. 롬8:30

둘째, 언약 체결하심.

그리고 성부 하나님은 그 선택하신 명단을 가지고 성자 하나님과 논의 하시고, 죄인을 구원하실 하나님의 계획을 말씀하신 것입니다. 성자 하나님께서는 그 성부 하나님의 계획을 받아 동의하시고, 그렇게 하시기로 언약하신 것입니다. 두 분이 언약을 체결하신 것입니다. 요 6:39

셋째, 언약의 내용.

택하신 그 죄인들을 대신해서, 성자 하나님께서 대신 속죄(贖罪)의 죽음으로 그 죄 값을 치르시는 것입니다. 그럼 왜 성부 하나님은 성자 하나님과 논의 하셨을까요? 그것은 그 외아들이신 성자 하나님, 즉 예수님만이 이 일을 할 수 있으셨기 때문입니다. 성자 하나님이신 예수님만이 죄 없으신 사람이 되실 수 있고, 그 죄인들의 죄를 대신 지고 십자가에서 대속의 죽음을 죽으실 수 있는 유일한 분이었기 때문입니다. 예수님께서 거절하신다면 이루어질 수 없는 언약이었습니다.

하나님께서는 아무런 죄의 댓가도 치루지 않고 죄인을 용서하고, 구원하시고자 하지 않으셨습니다. 하나님은 공의로우십니다. 누군가 공의로운 대가를 치르기를 원하셨습니다.

귀하신 독생자 예수님께서는 성부 하나님의 요구하심을 거절하지 않으셨습니다. 예수님은 이 언약을 기쁘게 받아들이셨고, 이 언약에 따라 세상에 오셔서, 죄인인 우리의 죄를 대신 십자가에서 지시고, 대속의 속죄제물로 죽으셨던 것입니다. 이로 인해서 우리 죄인이 구원을 얻을 수 있게 된 것입니다. 마20:28

인간론 8

속죄언약의 예수

속죄언약은 성부 하나님과 성자 하나님의 언약입니다. 죄로 죽었던 택하신 하나님의 백성들을 영원한 사망과 멸망에서 건져 영원히 구원하시려는 하나님 간의 언약인 것입니다. 이 속죄언약에서 우리 주(主) 되신 예수님이 어떤 위치와 일을 하셨는지 알아 봅시다. 이것을 아는 것은 매우 중요합니다. 우리의 신앙과 인생을 좌우하는 매우 중요한 지식이기 때문입니다.

1. 속죄제물 되심

속죄제물이 되셨습니다. 택하신 백성들의 죄와 허물과 그 결과인 사망과 영원한 멸망의 죄를 속(贖)하기 위해서 대신 죽는, 죄 없는 속죄제물이 필요했는데, 이 세상 어디 에도 이 속죄제물이 될 수 있는 자격을 갖춘 죄 없는 사람은 없었습니다. 모두가 죄인이었기 때문입니다. 이에 성자 하나님이신 예수님께서 기꺼이 죄 없는 사람으로 이 세상에 오셔서 이 속죄제물이 되시고, 십자가에서 속죄제물로서 죽기로

하시고 죽으신 것입니다. 히9:12

2. 주인 되심

예수님께서는 창조주로서 본래 우주만물과 우리의 주인이셨는데, 속죄제물로 이 땅에 오셔서 자신이 택하신 백성들을 피 값 주고 사셔서 더 분명하고 확실한 주인이 되셨습니다. 이제 주님의 피 값으로 사진 그 사람들에게 주님은, 유일한 주인이십니다. 그것을 만천하에 선포하신 것입니다. 지금도 여전히 우리 주님은 산자와 죽은 자의 주(主)로 계십니다. 롬14:9

3. 중보자 되심

중보자가 됩니다. 성부 하나님 앞에서 아무리 택함을 받았다 해도 여전히 우리는 피조물이며 죄인에 불과합니다. 하나님 앞에 서기 위해서는 성부 하나님께서 인정하실 수 있는 보증인이 필요합니다. 그런데 예수님께서 십자가의 속죄제물로 그 보증인이 되어 주셔서, 우리를 보증하시고, 중보하시고, 하나님 앞에 서게 하시고, 그 은혜와 사랑을 받아 누리게 하시는 중보자가 되신 것입니다. 예수님은 지금도 여전히 성부 하나님 앞에서 우리를 중보하고 계십니다. 딤전2:5

4. 예수님에게는 행위언약

이 언약에서 예수님께서는 반드시 십자가에서 대속의 죽음을 죽어야 하나님의 택한 백성들이 구원을 얻을 수 있었습니다. 이 예수님의 대속의 죽음이라는 순종의 행위가 없이는 이 언약의 성취는 불가능했던 것입니다. 즉 예수님에게는 반드시 십자가에서 죽어야 하는 행위를 하셔야 했던 행위언약이었던 것입니다. 그래서 십자가의 속죄제물 되심이 피하고 싶은 피의 잔이었지만 기꺼이 그 잔을 마셔야 하셨던 것입니다. 막14:36

5. 속죄언약에 대한 예수님의 사역은 하나님의 선택에 의해서 제한을 받으심

예수님의 이 속죄사역은 모든 인류를 속죄하는 것이 아니라, 하나님의 선택하신 사람들만 속죄하실 수 있는 제한속죄로 제한(制限)되었습니다. 이것은 성부 하나님께서 제한하신 것입니다. 예수님은 이 언약을 가지고 이 세상에 오셔서 기꺼이 그 모진 고난과 십자가의 죽음을 죽어 이 제한속죄를 이루신 것입니다. 요6:37

인간론 9

은혜언약

속죄언약 다음에는 은혜언약(恩惠言約)이 있습니다. 삼위일체 하나님께서 천상에서 맺어진 속죄언약(贖罪言約)을 이루신 후, 그 언약을 하나님의 택하신 성도들에게 알게 하시고, 그들과 언약을 체결하시었는데, 그것이 바로 은혜언약입니다. 이 은혜언약이 우리를 행복하게 합니다.

1. 언약의 당사자

은혜언약의 당사자는 삼위일체 하나님과 그 택하신 성도들입니다. 성부 하나님은 사랑으로 자원하셨고, 성자 하나님은 대속제물로서 십자가에서 값을 치르시고 중보자로 서셨고, 성령 하나님은 이 은혜언약을 효과 있게 하시면서 제1당사자가 되셨습니다. 그리고, 피택 된 하나님의 백성들은 그 은혜로 제2 당사자가 되었습니다. 사43:1

2. 택하신 백성들로 제한

은혜언약은 하나님의 택하신 자들로 제한됩니다. 언약의 제2당사자는 모든 사람이 아닙니다. 모든 인류가 아닙니다. 하나님께서는 자신의 기쁘신 뜻대로 택하신 백성들로 제한하셨습니다. 일부입니다. 제한된 소수입니다. 예수님의 피로 속죄의 은혜를 누릴 축복된 소수입니다. 마7:13-14

3. 언약의 요구

이 은혜언약의 요구는 오직 믿음입니다. 나머지는 다 하나님께서 하시는 것입니다. 아버지 하나님은 귀하신 독생자를 십자가에 내어 주시고, 성자 하나님은 세상에 오셔서 십자가에서 택하신 백성들의 죄 값으로 속죄와 대속의 죽음으로 죽으시고, 성령 하나님께서는 은혜로 믿음을 우리에게 주셨습니다. 그 백성들은 그저 믿어 순종하면서 따르면 되는 것입니다. 요3:16

4. 그 믿음도

이 믿음도 선물입니다. 우리에게서 난 것이 아닙니다. 하나님이 주신 선물입니다. 하나님께서 은혜로 이 믿음을 그의 택하신 백성들에게 넣어 주시고, 그의 백성들은 그 믿음으로 믿어 구원을 얻게 된 것입니다. 전적으로 하나님이 주시는 은혜이며 사랑이고, 축복의 선물입니다. 그저 감사하며 경배할 뿐입니다. 엡2:8

5. 자랑치 못함

그래서 우리는 구원 얻음을 우리 공로로 자랑하지 못합니다. 우리의 노력이나 공로는 아무 것도 없고, 처음부터 끝까지 다 하나님이 하신 일이기 때문입니다. 우리는 그저 감사하고, 경배하고, 헌신하고, 죽도록 충성할 뿐입니다. 살아도 주를 위해서 살고, 죽어도 주를 위해서 죽을 뿐입니다. 우리의 모든 감사, 사랑, 헌신, 충성은 그저 감사해서 하는 당연한 것일 뿐입니다. 자랑할 것이 하나도 없습니다. 엡2:9

이 은혜언약이 우리로 인생을 새롭게 시작하게 하고, 살게 하고, 죽게 합니다. 우리 인생을 축복되게 하고 풍요하게 합니다. 할렐루야!

인간론 10

은혜언약의 특징

은혜언약에는 몇 가지 특징이 있습니다.

첫째, 매우 은혜로운 언약

매우 은혜로운 언약입니다. 왜입니까? 우리를 무조건으로 택하여 주시고, 무조건 그저 믿으면 구원을 주신다 하시고, 그 믿음조차도 우리에게 거저 선물로 주시기 때문입니다. 처음부터 끝까지 전부 하나님의 은혜입니다. 고전15:10

둘째, 삼위일체적 언약

이 언약 안에 성부 하나님의 선택해주심의 사랑이 있고, 성자 하나님의 속죄제물로서의 중보와 보증의 은혜가 있고, 성령 하나님의 적용과 효과 있게 하심의 교통과 감동이 있는, 삼위일체 하나님의 역사가 있습니다. 그래서 삼위일체적 언약이라 합니다. 롬5:8,10, 요3:5

셋째, 파기불가의 언약

이 언약은 하나님의 성실하심과 전지전능하심에 기초를 두고 있습니다. 택함 받은 인간 편에서 믿고 구원 얻는 것도 하나님께서 그의 절대적 주권과 사랑의 선물로 주시는 것입니다. 때문에 인간이 아무리 파기하려 해도 파기할 수 없고, 하나님도 파기하지 않으시기 때문에 파기불가의 언약인 것입니다. 그래서 정말 은혜언약인 것입니다. 롬8:31-38

넷째, 매우 특별한 언약

이 언약은 매우 특별한 사람들에게만 주어지기 때문에 매우 특별한 언약입니다. 일반적으로 아무에게나 주어지는 언약이 아닙니다. 누구나 원하면 받을 수 있는 것이 아닙니다. 누구나 원하면 가질 수 있는 여타 종교가 아닙니다. 특별히 하나님께서 택정하신 자들, 특별히 하나님께서 사랑하신 자들, 특별히 하나님께서 속죄하신 자들, 그 특별한 사람들에게만 주어진 특별한 언약입니다. 이 특별한 사람들은 복이 있는 사람들입니다. 마11:27

다섯째, 일방적인 언약

이 언약은 일방적인 언약입니다. 즉 하나님께서 일방적으로 자신의 기쁘신 뜻대로 구원할 죄인들을 택하셨고, 그 택하신 자들에게 일방적으로 믿음을 주셔서 믿고 구원을 얻게 하시고, 일방적으로 은혜와 사랑을 주셔서 누리게 하시는 일방적 언약입니다. 우리가 태어나기도 전인 창세전에 그 기쁘신 뜻대로 우리를 택하신 것입니다. 엡1:4-5

여섯째, 조건적이면서, 무조건적인 언약

이 언약은 조건적이면서 동시에 무조건적인 언약입니다. 조건적이라 함은, 예수 그리스도 입장에서 반드시 십자가에서 대속의 죽음을 죽어야 한다는 조건이 있는 것이고, 무조건적이라 함은, 택정함을 입은 성도 입장에서 아무 공로 없이 무조건적으로 믿어 구원을 얻는다는 면에서 무조건적인 것입니다. 불가항력적 은혜인 것입니다. 마26:39, 요3:16, 롬3:27-28,

이 은혜언약에 의해서 택정함을 입은 사람들은 특별한 하나님의 은혜와 사랑과 축복을 입은 사람들이 됩니다. 하나님 앞에서 죄인이고 원수일 때 그 은혜로 택함을 입고 영광의 구원을 얻게 된 것입니다. 이 은혜언약이 없이는 우리 인생에서 어떤 소망도 있을 수 없습니다. 그래서 우리가 이 은혜언약을 받아 들 때 그저 감사와 경배와 헌신과 충성만 나올 뿐입니다. 할렐루야!

기독론

기독론 1

예수님의 명칭

이제 우리는 우리를 구원하시기 위해서 자신을 속죄제물로 십자가에 내어 놓으신 예수 그리스도, 우리 주님을 더 자세히 알아야 합니다. 알지 못하고서는 제대로 믿을 수 없고, 제대로 섬길 수 없기 때문입니다.

성경에는 사람과 지명 등 다양한 명칭들이 기록되어 있습니다. 그리고 하나님과 예수님의 명칭이 나옵니다. 많은 경우에 이 명칭들은 하나님의 의도를 나타내시고자 하는 계시적 성격을 가지고 있습니다. 예수님의 명칭도 예수님이 어떤 분으로 우리 앞에 계신지를 선포하시는 하나님의 자기계시라고 볼 수 있습니다. 그래서 우리는 예수님의 명칭을 통해서 예수님이 어떤 분이신지 바로 알고, 그에 맞는 믿음과 섬김을 할 수 있어야 합니다. 성경에 계시되어 있는 예수님의 명칭을 통해서 밝히시는 예수님의 정체를 밝히 알아서 그대로 예수님을 섬기는 것이 우리의 본분이며 축복입니다.

1. "예수"

히브리어 "여호수아"의 헬라식 표현인데, 뜻은 "구원하다"라는 뜻입니다. 즉 예수님은 우리의 구원자이시다는 것입니다. 오직 예수님만이 우리를 우리의 죄와 사망과 영원한 멸망에서 구원하실 수 있는 유일한 구원자입니다. 마1:21

2. "그리스도"

이 명칭은 "기름 부음 받은 자"라는 뜻인데, 구약성경에서 왕과 선지자와 제사장들이 기름 부음을 받았습니다. 즉 예수님께서 왕이시며 제사장이시며 선지자로 오셨음을 밝히는 명칭인 것입니다. 예수님은 이 세 가지 직분을 가지신 그리스도로 오셔서 우리 앞에 계십니다. 마1:16, 16:16

3. "주"

헬라어 "큐리오스"라는 이 명칭은 절대 주권을 가진 "주인(主人)"이라는 뜻입니다. 즉 예수님은 우리의 "절대 주인"으로 계시며, 우리는 오직 주님의 소유라는 것을 강조하는 명칭인 것입니다. 그저 주여 주여 외치면서 실제로는 주인으로 인정하지 않고 섬기지 않는 것은 가식이며 불법이 되고, 결국 쫓겨나 슬피 울게 됩니다. 마7:21-23

4. "인자"

"사람의 아들"이라는 뜻의 이 명칭은 예수님 자신이 가장 많이 사용하신 명칭이기도 합니다. 사람의 아들이 아니면 구원할 수 없었기에,

하나님의 아들이신 예수님이 우리를 위해서 기꺼이 사람의 몸을 입고, 사람의 아들로 이 땅에 오신 망극하신 은혜의 명칭입니다. 마20:28

5. "하나님의 아들"

사람의 아들만으로는 우리를 구원을 할 수 없으니, 본래 하나님의 아들이셨고, 여전히 하나님의 아들로서도 이 세상에 오셔서 십자가를 지신 망극하신 사랑을 밝히시는 명칭입니다. 예수님은 높은 하나님의 아들이면서 동시에 낮은 사람의 아들이 되셨습니다. 마27:54

6. "임마누엘"

임마누엘은 "하나님께서 우리와 함께 계시다"는 뜻입니다. 십자가에서 우리를 대속하시고, 우리의 구주가 되신 예수님께서 언제 어디서든지 영원히 우리와 동행하신다는 명칭입니다. 우리 주 예수께서는 세상 끝 날까지 항상 우리를 떠나지 않고 함께 하십니다. 마1:23, 28:18-20

7. "왕"

예수님은 왕이십니다. "왕으로 나신 이가 어디 계시뇨?" 그렇습니다. 예수님은 왕으로 이 땅에 오셨습니다. 예수님은 온 우주 만물과 우리의 왕으로서 이 땅에 오셨고, 지금도 여전히 왕으로 계시며 통치하신다는 명칭입니다. 우리는 예수님을 왕으로 극진히 모시고 섬겨야 합니다. 마2;11

8. "중보자"

하나님과 우리 사이의 유일한 중보자이십니다. 거룩하신 창조주 하나님과 영원히 멸망 받을 죄인인 우리 사이에는 반드시 중보자가 필요합니다. 그 중보자는 오직 하나님의 아들이신 예수님 밖에 어느 누구도 할 수 없습니다. 십자가를 지시고 우리의 죄를 대속(代贖)하신 예수 그리스도 밖에는 다른 중보자가 없습니다. 우리는 이 중보자 없이 하나님 앞에 나아갈 수 없습니다. 그래서 우리는 항상 주님을 붙들고 나아갑니다. 딤전2:5

9. "대제사장"

예수님은 마지막 대제사장이십니다. 마지막 대제사장이 되셔서 십자가에서 우리 죄를 위한 마지막 제사를 드린 대제사장이십니다. 이 마지막 제사를 통해서 우리의 죄가 용서되고, 우리는 죄에서 구원을 얻게 된 것입니다. 감사입니다. 히5:5

10. "어린 양"

예수님은 어린 양이셨습니다. "보라 세상 죄를 지고 가는 하나님의 어린 양이로다" 그렇습니다. 예수님은 우리의 죄를 대신 지시고 십자가에서 죽으신 하나님의 유월절 어린양이셨습니다. 우리 모두의 죄를 다 짊어지고 십자가에서 마지막 제사의 제물이 되신 하나님의 속죄제물 어린양이셨습니다. 이 어린 양이 없이는 우리의 구원도 없었습니다. 요1:29

예수님의 명칭들은, 예수님이 누구신지를 우리에게 밝히시고, 명령하시고, 지시하시고, 깨우치시는 하나님의 메시지가 있습니다. 우리는 이 명칭을 통해서 주시는 메시지대로 바르게 예수님을 알고 바르게 섬겨야 바른 신앙과 바른 신앙생활이 될 수 있고, 바른 마지막을 준비할 수 있습니다.

기독론 2

그리스도의 성질

우리 구주 예수 그리스도가 어떤 분이신가를 아는 것은 매우 중요합니다. 바로 알아야 바로 섬길 수 있기 때문입니다. 모르면 바로 섬길 수 없습니다. 예수 그리스도는 어떤 분이십니까?

1. 신성(神性)

예수 그리스도는 신(神)이신 하나님이십니다. 태초 전부터 계셨던 창조주 하나님의 아들이십니다. 아버지 하나님의 사랑받는 독생자이시고, 천지를 창조하실 때 아버지와 함께 천지를 창조하신 창조자이십니다. 예수님은 그 신성(神性)을 가지고 계신 신(神)이십니다. 요1:1-3

2. 인성(人性)

예수님은 인성(人性)도 가지고 계십니다. 예수께서는 자신을 인자(人子)라 부르셨습니다. 즉 사람의 아들이라는 말입니다. 사람과 같은 육신을 입으셨고, 육신으로 이 땅에 오셨습니다. 사람과 같이 육체를 소유하셨고, 인간의 일반적 법칙에 따라 양육되어 자라셨고, 고난에도 동참하셨습니다. 인간과 같이 배고프셨고, 피곤하셨고, 눈물도 흘리셨습니다. 고난 앞에서 피땀 쏟는 기도도 하셨습니다. 예수님은 완전한 인성(人性)을 가지고 계셨습니다. 그러나 예수님의 인성은 죄 없으신 인성이셨습니다. 히4:15

3. 자격

예수님은 이 세상에 그리스도로, 즉 구원자로 오셨습니다. 자기 백성을 저희 죄에서 구원하시기 위하여 오셨습니다. 무죄한 대속제물이 되시기 위해서 오셨습니다. 이를 위해서 예수 그리스도는 신성(神性)도 필요하셨고, 인성(人性)도 필요하셨습니다. 죄인인 인간을 구원하시기 위해서 인간의 대표로서 서셔야 했기에 인성이 반드시 필요하셨고, 그 인성은 반드시 죄 없는 인성이어야 했습니다. 그렇지 않으면 구원을 이룰 수 없기 때문입니다. 또한 완전한 구원을 위해서, 완전한 하나님의 신성과 그 능력을 동시에 가지셔야 했습니다. 완전한 하나님의 신성이 아니면 죄인을 구원할 수 없기 때문입니다. 그래서 예수 그리스도께서는 이 땅에 오실 때, 완전한 신성과 죄 없으신 완전한 인성을 동시에 가지고 오신 것입니다. 그것이 주님이 가지신 구원자의 자격이었습니다. 고후5:21

4. 한 인격

예수 그리스도께서 신성과 인성을 다 가지고 계시지만 한 인격이셨습니다. 두 인격이 아니라 한 인격 안에 신성과 인성을 다 가지신 것입니다. 그래서 예수 그리스도는 우리의 구원자로서 완전하시고, 부족함이 없으십니다. 이와 같은 다른 구원자가 이 세상에 없습니다. 유일합니다. 요14:6

기독론 3

그리스도의 신분 1 – 비하(卑下)

이제 인성과 신성을 가지고 이 땅에 오셔서 십자가의 피와 죽으심으로 죄 값을 지불하시고 우리를 구원하신 하나님의 독생자 예수님은 어떤 신분을 가지고 계신지 살펴보아야 하겠습니다. 먼저 예수 그리스도의 비하의 신분을 살펴봅시다.

예수님께서는 비천한 죄인을 구원하시기 위해서 자신도 비천한 신분으로 스스로 낮추어 오셨습니다. 그래서 그것을 비하의 신분이라 합니다. 비하의 신분이란 예수 그리스도께서 이 세상에 오시면서 자신을 낮추신, 낮아지신 신분을 말합니다. 어떤 비하의 신분입니까?

첫째, 성육신(成肉身)

성육신(成肉身)입니다. 즉 육신을 입으심입니다. 본래 창조주 하나님의 독생하신 외아들로서 높고 높은 하늘 보좌에 앉아, 천군천사들과 영적세계, 온 우주만물과 모든 사람들을 통치하시면서, 찬양과 경배를 받으시던 신(神)이신 하나님의 아들이, 낮고 비천한 피조물의 모습인 육신이 되어 인간의 몸으로 이 땅에 태어나신 수모를 받아들이신 것입니다. 비천해지신 것이니다. 눅2:12-14

둘째, 수난 당하심

수난을 당하신 것입니다. 예수님은 창조주 하나님으로서 본래 고난이라는 것과는 아무 상관이 없던 분이셨습니다. 고난은 죄의 결과입니다. 수난은 죄인들이 당하는 것입니다. 예수님은 죄와 상관이 없으신 분이기 때문에 고난과도 전혀 상관이 없던 분이셨습니다. 그 예수님께서 더럽고 냄새나는 이 시궁창 같은 죄악된 세상에 오셔서 그 모진 고난을 다 당하시고, 급기야 십자가의 고난까지 받으신 것입니다. 자신을 비하(卑下)하신 것입니다. 막15:33-35

셋째, 죽음 당하심

죽음을 당하셨습니다. 죄인의 죽음을 당하신 것입니다. 본래 죽음은 죄의 결과입니다. 죄인들이나 당하는 것입니다. 그런데 죄와 아무 상관없는 의로우신 하나님의 아들이 죽음을 당하신 것입니다. 그 예수님께서 우리를 대신하여, 우리의 죄를 짊어지시고 십자가에서 죄의 죽음을 당하신 것입니다. 극도의 비천한 자리까지 낮아지신 것입니다. 빌2:8

넷째, 장사 지낸 바 됨

죄인의 무덤에 장사 지낸 바 되신 것입니다. 죽음만도 수치인데, 죽어 무덤에까지 들어가는 것은 하나님의 아들로서는 더 이상 낮아질 수 없는 비천 중에 비천이며, 수치 중에 수치이고, 치욕 중에 치욕인 것입니다. 그런데 예수님께서는 우리 죄인들을 구원하시겠다고 기꺼이 거기까지 비천해지시고 낮아지셨습니다. 우리 주님의 이렇게까지 낮아지심은 우리로서는 도무지 이해할 수 없는 일입니다. 그저 감흡할 사랑입니다. 막15:45-47, 시116:12

다섯째, 자원하심

이 모든 비하(卑下)하심은 예수 그리스도께서 자원하여 비하(卑下)하신 것입니다. 그의 택하신 백성들을 사랑하셔서, 그들을 그 끔찍한 죄와 사망에서 구원하시려고 자원하여 기꺼이 비하(卑下)하신 것입니다. 이것은 우리를 사랑하신 사랑이며 무한한 은혜입니다. 이 은혜와 사랑을 어찌 다 갚을지. 시103:2

기독론 4

그리스도의 신분 2 – 승귀(昇貴)

지난 시간에 우리는, 우리의 영원하고 존귀하고 복되신 구원자 우리 예수 그리스도의 비하의 신분을 살펴보았습니다. 가장 높은 보좌에 앉으셨던 창조주 하나님의 독생자께서 비천한 죄인의 구원을 이루시기 위해서 얼마나 비천하게 낮아지셨는지 살펴보았습니다.

오늘은 높아지신 승귀(昇貴)의 신분을 살펴보아야 하겠습니다. 예수 그리스도께서는 십자가에서 죽고 장사되기까지 낮아지셨는데, 죽으신 그것으로 끝나지 않으셨습니다. 죽으시고 다시 살아나셨습니다. 죽음을 이기고 부활하셨습니다. 이 부활을 통해서 다시 높아지셨습니다. 사망의 권세를 부수고 부활하심으로 본래의 위치로 높아지셨습니다. 우리를 구원하시고 다시 본래의 자리로 높아지셨습니다.

1. 부활

부활하셨습니다. 지금까지 어느 누구도 죽음의 무덤을 열지 못했습니다. 지금까지 어떤 사람도 사망의 권세를 뚫고 나오지 못했습니다. 사망과 죽음의 권세 앞에서는 모든 인간은 무릎을 꿇어야 했고, 죽어야 했습니다. 하지만 예수님은 그 죽음의 권세, 그 사망의 권세를 깨뜨리시고 죽음에서 다시 살아 나오신 것입니다. 어느 누가 죽음과 사망을 이길 수 있겠습니까? 그러나 우리 주님 예수님은 그 죽음을 이기고 부활하심으로 다시 높아지신 것입니다. 롬1:4

2. 승천

승천하셨습니다. 이 승천으로 높아지셨습니다. 승천, 즉 다시 하늘나라로 올라가셨습니다. 본래 예수님은 하나님의 독생자로서 하나님 아버지 보좌 우편에 앉아 계셨습니다. 그 본래 계시던 하늘 보좌로 올라가신 것입니다. 뿐만 아니라 부활이 장차 신자들의 부활의 첫 열매가 되시듯이, 주님의 승천하심도 신자들의 승천의 첫 열매가 되게 하시며 높아지셨습니다. 행1:9

3. 하나님 우편 보좌에 다시 앉으심

하나님 보좌 우편에 다시 앉으셨습니다. 천국에서도 가장 높은 자리인 하나님 보좌 우편에 앉으심으로 높아지셨습니다. 그 자리는 온 우주만물, 하늘과 땅과 모든 인류를 통치하시는 권세를 아버지 하나님께 위임 받은, 모든 것을 통치하시고 다스리시는 자리입니다. 그 자리까지 다시 높아지신 것입니다. 히12:2

4. 재림과 심판주

재림의 심판주가 되셨습니다. 예수님께서는 이제 곧 온 세상과 모든 인류를 심판하시고, 개인과 우주의 종말을 마무리하시기 위해서 심판주로서 다시 오십니다. 구름 타고, 호령과 천사들의 소리와 하나님의 나팔소리와 함께 다시 오셔서 모든 인류의 각 사람과, 마귀와 귀신들을 그들의 행한 대로 갚으시는 심판을 하십니다. 그들의 일한 대로 갚아 주십니다. 이 재림의 심판주의 자리는 절대 권세와 권능과 영광의 자리인데, 예수님이 바로 그 자리까지 높아지신 것입니다. 살전4:16, 마16:27, 계22:12

5. 하나님이 높이심

이 높아지심은 아버지 하나님께서 아들을 높이신 것입니다. 아버지께 순종하여 십자가에 자신을 기꺼이 내어놓고 낮아지신 그 귀하신 아들을 한없이 높이시고, 본래의 지위와 신분을 회복시켜 주신 것입니다. 할렐루야! 빌2:8-11

기독론 5

그리스도의 직임(職任)

우리 주 예수 그리스도께서는 승귀(昇貴)의 높은 신분을 회복하셨습니다. 본래 하늘 보좌 높으신 신분을 가지고 계시던 하나님의 독생자께서 우리 죄인을 대속하시기 위해서 낮고 천한 이 땅에 내려 오셔서 비천해지셨지만, 사망을 이기고 부활하심으로써 다시 높으신 자신의 신분을 회복하신 것입니다. 이 높은 신분을 앞으로도 영원히 가지고 계신 것입니다.

오늘은 우리 주 예수께서 어떤 직임을 가지고 오셨는지를 살펴보아야 하겠습니다. 예수께서 이 땅에 오셔서 구속의 대업을 이루실 때, 세 가지 중요한 중보의 직임을 가지고 오셨고, 수행하셨습니다. 이 중보의 삼중직은 우리에게 매우 중요합니다.

첫째, 선지자직
선지자직입니다. 성경은 예수께서 선지자로 오실 것을 예언하셨고 예수님 자신도 자신을 선지자로 말씀하시기도 하셨습니다. 선지직이라 함은 구약의 선지자가 했던 일을 예수께서 하셨다는 의미입니다. 하나님께서는 선지자들을 세우셔서 하나님의 뜻을 하나님의 백성과 세상에 선포하고 전하게 하셨습니다. 선지자는 하나님의 대언(代言)자들이었습니다. 때문에 선지자들은 하나님의 주신 말씀에서 단 한 마디도 더하거나 뺄 수 없었습니다. 하나님 편에 서서 주신 말씀을 가감(加減) 없이 그대로 선포해야 했습니다. 때로는 그로 인해서 고난을 당하고 순교를 하더라도 그대로 선포하고 외쳤습니다. 예수님이 오셔서 그 선지자 일을 하신 것입니다. 히1:1-2

둘째, 제사장직

제사장직입니다. 구약에서는 그리스도의 제사직을 말씀하셨고, 신약에서는 예수님을 제사장이라 했습니다. 선지자가 하나님 편에 서서 백성들을 향해서 하나님의 뜻을 외치는 사람이라면, 제사장은 백성들의 대표자로서 백성들 편에 서서, 백성들을 대신하여 하나님 앞에 나아가서 제사하고, 백성을 대신하여 말하는 사람들입니다. 그리고 백성들에게 하나님의 말씀과 율법을 가르치고, 하나님의 속죄를 선포하는 것입니다. 예수님이 오셔서 그 일을 하셨습니다. 히7:20-21

셋째, 왕직

왕직입니다. 예수께서는 이 땅에 온 인류의 왕으로, 자기 백성의 왕으로, 온 우주 만물의 왕으로 오셨습니다. 하늘과 땅의 모든 권세를 가지신 왕으로 오셔서 다스리고 통치하심을 말씀하시는 것입니다. 지금도 여전히 예수님은 왕으로서 온 천하 만물과 모든 인류와 자기 백성들을 통치하고 다스리고 계십니다. 왕 중의 왕으로서 다스리십니다. 우리의 왕이십니다. 시145:1, 마28:18

우리는 이 예수님을 통해 온전한 하나님의 말씀을 들어야 합니다. 또한 우리의 가진 죄를 속함 받고 구원을 얻어야 합니다. 그리고 그 통치와 다스리심을 받아 순종하면서 저 영원한 하나님 나라를 향해서 한 걸음씩 나아가야 합니다.

기독론 6

그리스도의 속죄(贖罪)

우리 주 예수 그리스도께서는 우리 죄를 대속(代贖), 즉 대신 속죄(贖罪)하시려 낮고 천한 이 세상에 오셔서, 더 낮고 비참한 십자가에서 죽으셨습니다. 오늘은 우리 주님의 속죄(贖罪)에 대해서 살펴봅시다.

1. 속죄의 원인

속죄의 원인은 무엇입니까? 그것은 자신이 택하신 백성들을 죄에서 구원하시려는 하나님의 기쁘신 뜻과 그 크신 사랑입니다. 그 기쁘신 뜻과 그 무한한 사랑은 우리가 다 알 수도 없고 측량할 수도 없습니다. 아무리 생각하고 또 생각해도 다 이해할 수도 없습니다. 아무리 알아가도 다 알 길도 없습니다. 그저 망극하신 하나님의 사랑임을 경험할 뿐입니다. 요3:16

2. 속죄의 필요성

그럼 우리의 속죄는 왜 필요한가요?

첫째는 우리의 창조주이시며 주인이시고 심판자이신 하나님께서는 죄를 아주 미워하시기 때문입니다. 하나님은 거룩하시고, 선하시고, 의로우시고, 정결하셔서 죄를 참아 보지 못하시기 때문입니다. 죄에 대해서는 반드시 진노하시고, 엄정하게 징벌하시는 공정하신 재판장이시기 때문입니다. 그래서 우리가 가진 죄에 대해서도 반드시 징벌하셔야 했기 때문입니다. 합1;13

둘째는 그의 택한 백성들이 죄인들이기 때문에, 그 죄에 대한 속죄가 없이는 그들도 하나님 앞에서 하나님의 진노를 받아야 했기 때문입니다. 속죄가 없이는 죄인으로서 하나님 앞에 설 수 없고, 하나님의 사랑과 은혜를 받아 누릴 수 없기 때문입니다. 그들의 전 인생과 영원은 여전히 소망이 없기 때문입니다. 우리는 반드시 죄에 대한 징벌을 받아야 합니다. 그래서 속죄는 반드시 필요했던 것입니다. 사3:11

3. 속죄의 성질

속죄는 어떤 성질을 가지고 있습니까? 속죄는 대리적 속죄입니다. 죄인인 우리는 스스로 속죄할 수 있는 자격도 없고, 방법도 없고, 능력도 없는 존재입니다. 왜냐하면 죄인이기 때문입니다. 죄인은 그저 자기 죄로 고통당하고 죽어야 할 존재입니다. 누군가 대신 죄를 속죄해 주지 않으면 속죄 받는 것이 불가능한 존재입니다. 그것이 죄인입니다. 그래서 하나님은 자신의 외아들 예수님을 죄 없는 사람으로 이 세상에 내려 보내셨고, 죄인을 대신하는 대속제물이 되게 하신 것입니다. 택하신 자기 백성들의 죗 값인 고통과 죽음과 하나님의 징벌과 저주를 십자가에서 대신 지불하고 우리를 속죄해 주게 하신 것입니다. 롬5:8-10

4. 속죄의 범위

그럼 속죄의 범위는 어디까지입니까? 온 인류, 모든 사람입니까? 그렇지 않습니다. 성경은 분명히 "자기 백성" "택하신 백성"이라고 속죄의 범위를 제한하고 있습니다. 예수님의 속죄의 범위는 하나님의 예정에 의해 택하신 하나님의 백성으로 제한됩니다. 온 인류, 모든 사람이 아닙니다. 그래서 하나님의 택함 받아, 하나님의 "자기 백성"이 된 사람들은 복이 있는 사람들입니다. 마1:21

이 예수님의 대속(代贖)의 죽으심으로 교회와 성도들은 죄 용서를 받고 구원을 얻어 누리고 있는 것입니다. 이 주님의 은혜와 하나님의 사랑을 어찌 떠나 살 수 있겠습니까? 이 크신 사랑과 은혜를 갚을 길이 있을지. 다 갚을 길 없어 이 몸 바칩니다.

기독론 7

속죄의 목적(目的)

하나님은 항상 목적이 있으십니다. 목적 없이 그저 생각나시는 대로 무엇을 하시는 분이 아니십니다. 천지를 창조하신 것도 목적이 있으시고, 인간을 만드신 것도 목적이 있으십니다. 그의 백성을 대속하기 위해서 자신의 독생자까지 대속물로 내어 주실 때는 목적이 분명하게 있으신 것입니다. 속죄는 어떤 목적을 가지고 있습니까?

첫째, 하나님의 만족

하나님의 만족입니다. 태초에 천지를 창조하시고 하나님이 보시기에 좋으셨습니다. 하나님의 형상대로 사람을 지으시고는 보시기에 심히 좋으셨습니다. 그러나 아담과 하와의 불순종을 통해서 인류는 타락했습니다. 타락한 인류를 보시는 것은 하나님이 보시기에 좋지 않았습니다. 온 인류를 영원한 지옥 멸망에 넣으시는 것도 하나님의 만족은 아니었습니다. 하나님은 사랑의 하나님이십니다. 그래서 멸망 받을 인류 중에 일부를 택하시고 구원하기로 작정하셨습니다. 그러나 하나님의 택하신 백성들을 거저 구원하시는 것은 하나님의 공의의 성품에 맞지 않았습니다. 하나님의 성품에 의하면, 반드시 공정하게 그 죄의 값을 치르고 구원하셔야 만족이 되시는 것입니다. 그래서 죄 없으신 하나님의 아들, 독생자 예수님을 십자가에 죽이시는 대속의 속죄를 시행하신 것입니다. 그래야 비로소 하나님이 만족하실 구원을 주실 수 있으셨기 때문입니다. 사53:5-6

둘째, 화목

화목입니다. 하나님께서는 자신의 택하신 죄인들을 구원하셔서 하나님 자신과 화목하기를 원하셨습니다. 본래 에덴의 화목을 원하셨습니다. 그러나 하나님은 거룩하시고, 이미 타락한 죄인은 부패하고 더럽습니다. 더러운 죄인은 거룩하신 하나님과 절대 화목이 될 수 없습니다. 하나님은 그 죄인을 반드시 징벌하셔야 하며, 죄인은 진노를 받아야 합니다. 그 죄를 없애기 전까지는 화목은 불가능합니다. 그래서 독생자로 대속(代贖)의 속죄(贖罪)를 하시게 함으로써 죄인들의 죄를 씻어 내시고, 그 죄인들로 다시 하나님과 화목하게 한 것입니다. 골1:20

셋째, 의로움을 나타냄

의로움을 나타내는 것입니다. 어떤 의로움입니까?

첫째는 하나님의 의로우심입니다. 독생자 예수님의 대속을 통해서 택하신 죄인들을 구원하심으로써 하나님이 의로우시다는 것을 나타내시는 것입니다. 하나님이 의로우시고, 하나님의 하시는 모든 일이 의로우심을 선포하시는 것입니다.

둘째는 속죄 받아 하나님의 백성이 된 택함 받은 성도들은, 이제 의로워졌음을 말씀하시는 것입니다. 이제 누가 뭐라 해도 그들은 의롭습니다.

셋째는 이제 속죄 받은 성도들은 하나님의 백성답게 의로워야 함을 나타내는 것입니다. 하나님의 거룩하심과 같이 거룩해야 합니다. 점점 더 하나님을 닮은 거룩한 모습으로 성화(聖化)되어야 합니다. 그렇게 되기 위해서는 의롭다 칭함을 받아야 하고, 날마다 더 의로워져야 합니다. 이는 속죄의 대속을 통해서만 가능한 것입니다. 이를 위해 속죄를 하신 것입니다. 롬3:26

넷째, 하나님의 영광

하나님의 영광입니다. 하나님께서 애초에 사람과 천지를 창조하신 목적이 하나님의 영광을 위해서였습니다. 그러나 인간이 불순종하여 타락함으로써 죄인이 되었습니다. 목적을 상실했습니다. 오히려 하나님의 영광을 가리게 되었습니다. 그래서 독생자로 대속의 속죄를 하게 하셔서, 하나님은 택하신 백성을 구원하시고, 그 택하신 백성으로 하여금 다시 하나님의 영광이 되도록 하신 것입니다. 이제 하나님만 즐거워하고 영원토록 하나님을 영화롭게 하게 하신 것입니다. 성도는 이제 먹든지 마시든지 무엇을 하든지 그렇게 살아야 하는 사람을 말합니다. 사43:7, 고전10:31

다섯째, 영원토록 함께 살기 위함

마지막 속죄의 목적은 택하신 하나님의 백성들을 죄 없는 의인으로 만들어 이 땅에 사는 동안에는 하나님의 영광을 위해 살고, 이 세상을 떠난 후에는 하나님의 나라에 데려가서 영원토록 하나님의 영광을 찬송하면서 하나님과 함께 살게 하기 위함입니다. 속죄를 입지 않은 사람은 누구도 하나님의 나라에 들어 갈 수 없습니다. 이것은 하나님의 크신 은혜이며 사랑입니다. 이것이 하나님이 의도한 속죄의 목적입니다. 할렐루야! 요14:1-3, 히12;14

구원론

구원론 1

성령의 일반사역

  우리의 구원을 이루시기 위해서, 성부 하나님은 구속을 계획하시고, 성자 하나님은 그 구속 계획을 십자가에서 이루시고, 성령 하나님은 그 이루신 구속을 택하신 각 개인에게 적용하심으로써 구원을 이루게 하셨습니다. 삼위일체 하나님은 천지창조부터 지금까지 모든 만물을 창조, 섭리, 다스리심에 함께 해 오셨습니다. 뿐만 아니라 우리의 구원사역에도 함께 하셨습니다. 삼위일체 하나님의 이 은혜의 사역을 통해서 우리의 구원이 이루어지고, 우리는 그 구원을 받아 누리게 된 것입니다. 그동안 우리는 성부 하나님과 성자 하나님의 일하심을 살펴보았습니다. 이제 성령님의 사역을 살펴봅시다.

  성령의 사역은 일반사역과 특별사역으로 나누어집니다. 오늘은 성령의 일반적 사역을 살펴보도록 하겠습니다.

1. 성령의 일반사역

성령의 일반적 사역은 일반적으로 역사하시는 사역을 말합니다. 자연 영역과 인간의 일상적인 삶에 개입하시고 주장하시며 역사하시는 일반적이고 보편적인 사역을 말합니다. 이 사역은 자연과 인간 생활의 기존 질서의 영역에 해당되는 것으로서 창조에 근거를 두고 있습니다. 창1:1,26, 2:7

2. 내용

이 일반사역의 내용을 보면, 모든 만물을 만드시고, 생명에 생(生)을 주시고, 그것을 보존하시고, 유기적이며 도덕적으로 발전하게 하시며, 자기 생의 길을 걸어가게 하시며, 때가 되어 죽고 소멸되게 하시는 사역입니다. 때로는 하나님의 섭리에 따라서 주시고 거두시며, 높이고 낮추기도 하시는 사역입니다. 이것은 피조물의 성장과 마침을 인도하시는 사역이기도합니다. 이 사역 안에서 이 땅의 모든 우주 만물과 사람의 생노병사(生老病死), 생사화복(生死禍福)이 다스려지는 것입니다. 신32:39, 욥1:21

3. 보통은혜

성령의 일반적 사역을 보통은혜, 일반은혜, 또는 하나님의 일반적 은총이라고도 말합니다. 이는 모든 사람들과 천하 만물에 차별이 없이 주시는 은혜요 축복이기 때문입니다. 햇빛을 차별이 없이 내려 주시고, 때를 따라 비를 차별이 없이 주시며, 생명의 호흡과 필요한 음식을 무한정 공급해 주고 계십니다. 모든 사람과 만물은 이 은혜로 오늘

도 하루하루 살아가는 것이지요. 마5:45

4. 한계

그러나 이 일반적 은혜와 축복에는 한계가 있습니다. 그것은 사람으로 자신의 죄와 사망, 영적인 것과 육적인 것, 보이는 것과 보이지 않는 것 등을 깨닫게 하지 못한다는 것입니다. 그래서 이 일반은혜 만으로는 죄를 발견할 수 없고, 회개할 수 없으며, 죄를 용서 받지 못하게 됩니다. 인생에게 있어서 가장 치명적인 문제인 죄의 문제를 해결하지 못하는 결정적인 한계가 있는 것이지요. 즉 참다운 영적 생활을 할 수 없다는 것입니다. 치명적이지요. 롬1:22-23

5. 유익

그러나 유익도 있습니다. 인간의 가장 치명적인 올무와 함정은 죄 문제입니다. 이 죄로 인하여 자신을 지으신 하나님과 관계가 단절된 것이고, 모든 인간의 불행이 시작된 것이고, 그 불행이 계속되고, 아무리 몸부림쳐도 그 불행은 더해지고 있는 것입니다. 그래서 죄 문제를 구체적으로 밝혀주고 해결해 주는 특별한 은혜가 필요합니다. 이 특별한 하나님의 은혜가 없는 인간은 절대 절망일 뿐입니다. 그런데 성령의 일반사역은 하나님의 특별은혜를 찾아가게 합니다. 하나님의 특별한 은혜에 대해서 목마르게 합니다. 특별 은혜로 가게 하는 다리 역할을 하는 것입니다. 이것이 성령의 일반사역의 큰 유익입니다. 롬1:19

구원론2

특별사역과 소명(召命)

성령의 일반적 사역에 이어서 이제 성령의 특별사역을 살펴보아야 하겠습니다. 이 성령의 특별사역이 우리를 참인생과 참신앙, 영생구원으로 인도해 갑니다.

1. 성령의 특별사역이란?

하나님께서는 구원하실 하나님의 백성들을 미리 선택하시고, 그 백성들을 구원하시기 위해서 독생자 예수님을 이 세상에 보내시고, 십자가에서 그 죗값을 지불하게 하셔서, 그 백성들을 구원해 내셨습니다. 그 구원하신 택하신 백성들 한 사람, 한 사람을 구원에 이르게 하시는 성령의 사역이 성령의 특별사역입니다. 때문에 이 성령의 특별사역 없이는 아무리 택함 받은 백성이라도 구원을 받을 수 없습니다. 요3:5-6

2. 대상

성령의 특별사역의 대상은 하나님께서 택하시고, 독생자를 통해 구원하시는 특별히 구별된 사람들로 제한됩니다. 창세전에 하나님의 자녀로 예정함을 입은 사람들입니다. 하나님의 기쁘신 뜻에 따라서 미리 하나님의 백성으로 택함을 받은 사람들입니다. 오직 그 사람들이 이 성령의 특별사역의 대상이 됩니다. 엡1:3-6

3. 소명

먼저 소명(召命)입니다. 즉 하나님께서 불러낸다는 뜻입니다. 죄와 사망 가운데 살면서 죽어있던 택하신 그들을 한 사람씩 불러내어 구원에 이르게 하시는 행위를 소명(召命)이라 하는 것입니다. 이 불러내심이 없다면 아무도 하나님께 나올 수 없습니다. 성령께서는 하나님이 택하신 그 한 사람, 한 사람을 찾아 가시고, 그들을 불러내십니다. 그리고 이 성령의 부르심에는 두 가지가 있습니다. 계3:20

4. 외적소명

외적소명입니다. 즉 밖으로부터의 부르심입니다. 이것은 전도나 설교를 통해서 이루어집니다. 전도자나 설교자가 하나님의 구원의 복음을 전하고 외칠 때, 하나님의 택하신 백성들이 그 자리에 인도되어 그 외침과 전함을 듣게 됩니다. 그 때 성령께서 귀를 기울여 듣도록 특별하게 사역하십니다. 이것이 바로 외적소명입니다. 누구든지 구원은 이 외적소명으로 시작합니다. 막16:15-16

5. 내적소명

내적소명입니다. 즉 안으로부터의 부르심을 말합니다. 전도나 설교를 통해서 밖으로부터 귀에 들려오는 하나님의 말씀을 듣게 됩니다. 그 때, 모든 사람들이 다 예수를 믿고 구원을 얻게 되는 것은 아닙니다. 어떤 사람들은 듣기는 들으나 내적인 감동은 없습니다. 그러나 하나님께서 택하신 사람들에게는 성령께서 내적으로 반응을 일으킵니다. 외적 부르심을 듣게 될 때, 성령께서 그 깊은 심령, 영혼에 역사하셔서 그 깊은 내면으로부터 하나님의 부르심을 인식하게 하고, 자신이 죄임임을 알게 하여 회개하게 하고, 신앙을 고백하게 하고, 주님을 따르도록 역사를 하십니다. 이러한 성령의 내적 역사를 내적 부르심, 즉 내적소명이라 하는 것입니다. 행2:37-42, 겔36:26-27

이 부르심이 효과 있게 되어, 부르심을 입은 택한 백성들로 하나님께 나아오게 만드는 성령의 특별한 이 역사가 있어 구원이 출발하게 되는 것입니다. 성령의 인도하심대로 따르십시오.

구원론 3

중생(重生)

　성령께서 택하신 백성들의 구원을 위해서 소명(召命)다음으로 하시는 특별한 역사는 중생(重生)입니다. 이제 중생(重生)을 이야기해야 할 차례입니다. 중생(重生)은 우리 기독교 신앙에서 매우 중요한 내용입니다. 중생이 없으면 그가 교회를 다닌다 할지라도 그는 아직 그리스도인이 아닙니다.

1. 뜻

　먼저 중생(重生)의 뜻은 무엇입니까? 중생은 "거듭 난다" "다시 태어난다"라는 뜻입니다. 육체로 한 번 태어나고, 죽었던 영혼이 살아있는 영혼으로 다시 한 번 태어나는 것을 말합니다. 이것은 경험하지 않고서는 알 수 없는 매우 신비한 일입니다. 성령께서 이 신비한 일을 하나님의 택하신 백성들에게 특별하게 하십니다. 요3:3

2. 본래 인간

본래 우리 인간은 처음 이 땅에 태어날 때 죄인으로 출생합니다. 영혼은 죄와 허물로 죽어서 태어납니다. 인간은 태어나면서부터 죄인으로 출생하기에, 죄의 결과는 사망이기에, 영적으로는 죽은 상태로 태어나는 것입니다. 때문에 영혼이 있으나 죽은 영혼으로 몸 안에 존재하게 됩니다. 결국 살아 있는 것 같으나, 실상은 죽은 인생을 사는 것입니다. 그래서 우리를 죄와 허물로 죽었다고 말씀하시는 것입니다. 엡2:1

3. 중생이 없으면

중생이 없으면, 죽은 시체와 같습니다. 귀가 있어 들어도 깨닫지 못하며, 눈이 있어 보아도 알지 못합니다. 그래서 죽은 영혼은 다시 살아날 가능성이 전혀 없게 됩니다. 이 죽은 영혼이 다시 살아나지 못하기에 여전히 죽은 존재로 살다가, 육체가 죽을 때, 영혼도 함께 죽은 상태로 영원한 지옥 멸망에 떨어지게 되는 것입니다. 죄 위에 임하는 무서운 하나님의 진노와 형벌이 태어날 때부터 전 일생과 함께 하고, 죽은 후에도 영원까지 계속되는 것입니다. 즉 영원한 사망에 이르게 되는 것입니다. 마13:14

4. 중생이 있으면

중생이 있으면 이제 살아 있는 영혼이 됩니다. 진리가 들려지기 시작하고, 보여지기 시작합니다. 그래서 하나님이 누구시며, 내가 누구이고, 죄가 무엇이며, 죄의 결과가 무엇인지 깨닫게 됩니다. 구원을 알게 되고, 구원을 갈망하게 되고, 어떻게 구원을 얻을 수 있는지도 알게 됩니다. 이로 인해서 인간은 비로소 내적인 변화, 영적인 깨어남과 살아남이 시작됩니다. 인생이 인생다워지고, 신앙이 신앙다워집니다. 모든 삶의 의미와 가치가 생기게 됩니다. 그래서 중생(重生)하지 않으면 인간은 본질적으로 소망이 없습니다. 죽은 영혼이 다시 살아나는 거듭남, 중생(重生)이 있어야 그 때부터 소망이 시작되는 것입니다. 벧전1:3-4

5. 은혜의 선물

이 중생은 하나님께서 그의 택하신 백성들에게만 주시는 은혜의 큰 선물입니다. 예수님의 십자가 대속을 조건으로 하나님께서 그의 백성들에게만 주시는 사랑이며 축복입니다. 중생을 위해서 우리가 할 수 있는 일은 없으며, 전적으로 하나님께서 하시는 일입니다. 그저 하나님께서 주실 때 받아 누리는 것입니다. 이것이 복(福)중에 복(福)입니다. 이 일을 성령께서 하시는 것입니다. 마16:17

6. 중생의 도구

성령께서 우리를 중생시키실 때 사용하시는 도구가 있습니다. 그것은 성경, 하나님의 말씀입니다. 성경이 전해질 때, 성령께서 역사하시고, 중생이 일어나게 됩니다. 성경이 없는 곳에는 중생하는 역사가 일어나지 않습니다. 그래서 성경이 중요한 것입니다. 성경을 듣는 자리가 복된 자리이며 이 자리를 사랑해야 합니다. 롬10:17

구원론 4

★

회심(回心)

중생(重生)을 이야기 한 후에는 회심(回心)을 이야기해야 합니다. 회심(回心)은 기독교 신앙에서 매우 중요한 핵심 내용입니다. 회심이 없이는 진정한 신앙생활이 시작되지 않습니다. 거룩하게 되는 성화도 이루어지지 않습니다.

1. 뜻

회심(回心)은 무슨 뜻입니까? 그것은 "후회하다" "돌아오다" "방향을 돌리다"라는 뜻입니다. 불순종을 통해 하나님을 배신하고 떠난 인생, 하나님을 역행하며 사는 인간의 인생에는 근본적으로 소망이 사라졌습니다. 물을 떠난 물고기가 소망이 없듯이, 하나님을 떠난 인생은 소망이 없습니다. 인생의 소망은 자신을 지으신 조물주께 다시 돌아가는 것입니다. 하나님을 떠났던 사람이 자신의 조물주 하나님께 다시 돌아오는 것을 회심(回心)이라 합니다. 이 회심(回心)이 있어야만 그 때 비로소 인생의 희망이 시작됩니다. 하나님께 돌아가야 합니다. 우리는 인류

역사와 우리 인생 경험을 통해서 그것을 경험하고 있습니다. 눅15:17-20

2. 요소

회심(回心)에는 두 가지 요소가 있습니다. 이 두 가지가 있어야 진정한 회심이 되는 것입니다.

첫째 요소는 회개(悔改)입니다. 회개는 과거와 관계된 것입니다. 과거의 범죄와 잘못 살았던 삶을 끊어내고 버리는 것을 말합니다. 하나님을 떠나 살았던 지난 과거의 모든 불순종의 죄와 잘못된 삶을 후회하고, 의지적으로 하나님께 돌아오는 것을 말합니다. 철저하게 과거를 청산하지 않으면 앞을 향해 나아갈 수 없기 때문에, 이 첫째 요소인 회개는 희망의 미래를 위한 첫 걸음입니다. 행2:38

둘째는 신앙(信仰)입니다. 회개가 과거와 관련된 것이라면, 신앙은 미래에 대한 내용입니다. 과거의 잘못을 회개를 통해 청산하고 끊어 냈으니, 이제 하나님을 섬기는 순종의 신앙의 미래로 나아가는 것입니다. 이제 뒤에 있는 것은 잊어버리고, 오직 앞을 향해서 나아가는 것입니다. 오직 하나님만 믿고, 앙망(仰望)하면서, 천국을 향해서 나아가는 것입니다. 이것이 신앙입니다. 신앙생활을 하면서 갈수록 하나님을 닮은 천국백성답게 더 거룩한 생활을 하는 것입니다. 날마다 더 거룩해지면서 오직 하늘의 푯대를 향해서 달려가는 것입니다. 벧전1:16, 빌3:13-14

3. 내용

회심(回心)에 두 가지 내용을 가지고 있습니다.

첫째는 구원에 이르게 하는 처음 회심입니다. 이것은 타락했던 사

람이 그 삶을 후회하고 하나님을 향해 완전히 돌아서는 것을 말합니다. 행22:7-10

둘째는 하나님을 섬기는 일생의 신앙생활 속에서 매일 반복적으로 새롭게 하는 회심입니다. 이것은 아직도 남아있는 이전의 죄성을 매일 죽이면서 갈수록 더 거룩해지기 위한 지속적 회개와 신앙을 말하는 것입니다. 이것이 더 성화되게 합니다. 고전15:31

4. 증거

회심했다는 증거는 무엇입니까? 그것은 하나님 중심으로 바뀐 것입니다. 모든 삶의 중심이 자기 중심에서 하나님 중심으로 바뀌며, 세속적인 것을 싫어하고 신령한 것을 좋아하고, 육체적인 것보다 더 거룩한 것을 사모하게 되며, 이 세상보다 저 영원한 하나님의 나라를 더 사모하게 됩니다. 나의 의지를 하나님께 굴복시키고 순종하게 됩니다. 진정한 하나님의 사람이 되는 것입니다. 이것이 회심(回心)의 증거입니다. 이 회심이 없이 교회만 다니는 사람들이 적지 않습니다. 갈1:10

구원론 5

회개(悔改)

회심(回心)의 첫 번째 요소는 회개입니다. 회개(悔改)를 좀 더 자세히 살펴보아야 하겠습니다. 잘못된 회개나 거짓 회개가 있기 때문입니다. 그리고 진정한 회개(悔改)가 진정한 신앙(信仰)으로 나아가게 하기 때문입니다.

1. 회개(悔改)

회개(悔改)는 "하나님으로부터 떠나 타락해 살던 죄인이 그의 전 존재를 하나님께로 돌이켜 복귀하는 행위"를 말합니다. 이것은 그리스도인의 생활로 들어가는 제1보의 경험이기도 한데, 이 세상을 향해 있던 죄의 마음을 하나님께로 방향을 온전히 바꾸는 것을 말합니다. 지옥을 향해 달려가던 인생의 방향을 하나님의 은혜의 나라, 천국으로 완전히 전환하는 것을 말하는 것입니다. 인생의 대 전환을 말합니다.
빌3:13-14

2. 요소

회개(悔改)에는 세 가지 요소가 있습니다.

첫째는 지(知)적인 요소입니다. 이 요소는 진리를 들음으로써 자신의 죄와 상태를 그 진리의 지식을 통해서 깨달아 지각(知覺)하게 되는 것입니다. 많은 죄인들이 이 지식이 없어 망하는 것입니다. 호4:6

둘째는 정(情)적인 요소입니다. 이 요소는 자신의 죄와 허물로 인해서 자신이 영원히 멸망할 상태를 지각(知覺)하고, 그의 감정이 아파하고, 애통하고, 후회하는 것입니다. 이 감정적 애통과 후회가 없이는 진정한 회개가 되지 않습니다. 롬7:24

셋째는 의지(意志)적 요소입니다. 이 요소는 진리를 깨닫고, 아파하고 후회하고만 있는 것이 아니라, 실제 결단하고 의지적으로 방향을 완전히 돌이키는 것을 말합니다. 새로운 삶을 시작하는 것을 말합니다. 행22:10

이 세 가지 요소가 종합되어 회개가 이루어지게 됩니다. 그러나 실제로 많은 경우에는 지적인 요소에서만 머무르는 경우가 많습니다. 또는 감정적인 요소에서 머무르는, 즉 슬퍼하고 애통까지만 하고, 실제로 돌이키지는 않는 경우가 많습니다. 회(悔)만 있고 개(改)는 없는 거짓 회개가 많은 것을 봅니다.

3. 모습

그래서 회개의 여러 모습을 볼 수 있습니다.

첫째는 율법적인 회개의 모습입니다. 죄의 가책과 하나님에 대한 두려움으로 회개하는 것 같으나 실제로는 돌이키지는 않는, 바리새인들

같은 회개입니다. 회개는 했으나, 계속 불안하고 두려워하면서 결국 하나님을 떠나고 자살해 버리고 마는 가룟유다 같은 가짜 회개를 말합니다. 마27:5

둘째는 일시적 회개입니다. 이것은 일시적으로 회개하지만, 여러 환난이나 핍박, 미혹과 유혹이 올 때 다시 옛날로 돌아가는 거짓 회개입니다. 마13:21

셋째는 반복적 회개입니다. 이것은 회(悔)만 있고, 개(改)는 없는 회개입니다. 즉 항상 뉘우침과 후회만 있고, 결단의 의지적 유턴은 없는 회개입니다. 항상 슬퍼만 하고 실제 삶은 바꾸지 않는 거짓 회개를 반복하는 것을 말합니다. 벧후2:22

넷째는 구원 얻는 참 회개입니다. 예수님의 십자가의 구속의 은혜와 사랑을 붙잡고, 참으로 결단하고 돌이키는 참 회개를 말합니다. 계속 십자가의 구속의 은혜를 붙잡고 더욱 겸손해지고, 더욱 죄에서 떠난 삶을 살며, 더욱 주의 일에 힘쓰는 삶을 살고, 저 천국을 바라보며 마지막 주님의 재림과 심판을 준비하는 삶을 사는 회개를 말합니다. 참된 회개입니다. 살전1:5-7

다섯째는 지속적 회개, 또는 성화(聖化)적 회개입니다. 이것은 성도로서 평생을 살아가면서 더욱 성화되어가는 과정 속에서 매일 지속적으로 회개하며 더욱 성도다워져 가는 회개를 말합니다. 참된 회개이며 성화와 거룩한 사역을 위해 평생 필요한 회개입니다. 우리에게 일생토록 이런 참된 회개가 필요합니다. 롬6:2

구원론 6

신앙(信仰)

회심(回心)의 두 번째 요소는 신앙입니다.

1. 신앙(信仰)

신앙(信仰)은 "믿고 우러러 섬긴다"는 뜻입니다. 과거에서 돌이킨 한 성도가 이제 하나님을 바라보면서 '하나님을 전적으로 사랑하고 신뢰하여 그에게 삶 전체를 옮기며, 하나님을 우러러 경배하는 것'을 말하는 것입니다. 우리가 말하는 신앙생활이 본격적으로 시작되는 것을 말함입니다. 행22:8-10

2. 요소

참된 신앙에도 세 가지 요소가 있습니다.

첫째는 지적인 요소입니다. 이것은 참된 성경 진리를 듣고 깨닫는 것입니다. 하나님의 말씀인 성경의 내용이 이해되고 믿어지기 시작하는 것입니다. 그 하나님의 말씀인 진리로 받아들여지는 것입니다. 내

삶의 지침이며, 내 인생의 답으로 믿어지고 받아들여지는 것입니다. 진리를 깨달음이 없이 신앙은 시작될 수 없습니다. 신앙은 진리를 듣고 깨달음에서 시작됩니다. 롬10:17

둘째는 감정적 요소입니다. 이것은 진리를 듣고 믿어지면서 새로운 감정이 감동으로 일어나는 것을 말합니다. 확신에 근거한 영적 찬동이 발동하고, 새로운 영적인 감격과 누림이 시작되는 것을 말합니다. 그래서 기쁨과 감격과 감사와 평안이 밀려오고 경험하게 되는 것입니다. 지금까지 경험하지 못했던 구원의 놀라운 사랑과 은혜를 맛보게 되는 것입니다. 이 땅에 살지만 하늘의 감정을 맛보게 되는 것입니다. 주체할 수 없는 그 놀라운 사랑에 항복하게 되는 것입니다. 시98:1-8

셋째는 의지적 요소입니다. 이것은 신앙의 최고의 요소로써, 단순히 지식에서 끝나는 것이 아니며, 단순한 감정의 감동에서 끝나는 것이 아니라, 이제 실제로 하나님의 뜻을 따르는 것을 말합니다. 확고한 결단과 결의로써 하나님의 뜻에 순종하는 삶이 시작되는 것을 말합니다. 실제 생활이 변화되는 것을 말합니다. 끊을 것은 분명하게 끊고, 따를 것은 분명하게 따르는 선명한 신앙의 모습을 보여주는 것을 말합니다. 살전1:3

3. 종류

신앙이라 불리어지는 종류에는 여러 가지가 있습니다.

첫째는 지식적 신앙입니다. 이것은 성경을 배워서 그저 지식적으로만 알고 믿는다고 고백하는 신앙입니다. 주여 주여는 하지만 실제로 성경대로 사는 삶은 없습니다. 참 신앙은 아닙니다. 마7:21

둘째는 감정적 신앙입니다. 이것은 느낌이 이끄는 대로 따라가는 신앙입니다. 그 때, 그 때의 감정의 기복에 따라서 신앙의 기복도 결정됩니다. 그저 감정적 환호성에서 끝나는 신앙입니다. 이것도 참 신앙은 아닙니다. 마21:9

셋째는 이적적 신앙입니다. 이것은 어떤 이적을 보아야 믿는 신앙입니다. 이적이 없으면 믿지 못합니다. 이것도 참 신앙은 아닙니다. 롬8:24

넷째는 일시적 신앙입니다. 이것은 일시적으로 뜨겁게 믿다가, 어느 날 식어지면 신앙을 버리는 신앙입니다. 옳은 신앙은 아닙니다. 요6:66

다섯째는 형식적 신앙입니다. 이것은 율법적 형식 몇 가지를 가지고 신앙생활을 하고 다른 사람의 신앙도 그것으로 판단하는 신앙입니다. 그 형식 몇 가지의 유무에 따라서 신앙의 유무가 결정됩니다. 경건의 모양은 있지만 경건의 능력은 없는 신앙입니다. 바리새인들이 그랬습니다. 거짓 신앙입니다. 딤후3:5

여섯째는 참된 신앙입니다. 이것은 참된 십자가 복음에 의해서 믿어진 신앙입니다. 어떤 경우에도 십자가를 붙잡고 이기는 신앙입니다. 변함없이 믿고 우러러 하나님을 경배하는 신앙입니다. 비록 때로는 어려움이 있고, 환난과 핍박이 있어도 여전히 변치 않고 주님을 신뢰하는 신앙입니다. 때로는 실패하고 실수를 하더라도 여전히 회개하면서 돌이켜 하나님께로 가는 신앙을 말합니다. 마지막까지 끝까지 견디며 오직 하나님을 향해 승리하는 신앙입니다. 마24;13

참된 신앙이 시작되어야, 앞으로의 신앙생활도 제대로 성장하며 승리해 나갈 수 있습니다.

그럼 신앙(信仰)으로 우리가 얻는 것은 무엇이 있습니까? 신앙에는 축복이 있습니다.

구원론 7

신앙(信仰)으로 얻는 복

1. 예수 그리스도의 의

신앙은 예수 그리스도의 의(義)를 입게 됩니다. 이 의(義)에 의해서 그리스도의 새 생명에 참여하게 됩니다. 본래 우리는 죄악으로 인해 죽었던 존재입니다. 그런데 이제 이 신앙(信仰)으로 그리스도의 의를 입게 되고, 죄 용서를 받게 되고, 의롭다함을 얻어 새 생명을 얻어 누리는 축복을 얻게 되는 것입니다. 롬3:24

2. 하늘나라

신앙은 하늘나라, 천국의 소유권을 얻게 됩니다. 이제 천국에 들어갈 준비를 하게 됩니다. 본래 우리는 지옥에 갈 지옥 백성이었으나, 이제 하늘나라의 시민권을 얻게 되어 하늘나라에 갈 수 있게 된 것입니다. 천국의 모든 것을 누리게 되는 것입니다. 비록 지상생활을 하지만, 천상생활에 뿌리를 박고 살게 되는 것입니다. 뿌리가 영양분을 공급하듯이, 지상에서의 삶의 영양분을 천국에서 공급받아 살아가게 되는 것입니다. 그래서 비록 이 세상에 살지만, 하늘의 것을 맛보고 향유하면서 살기에 이 땅에서 맛볼 수 없는 많은 것을 맛보며 승리하는 삶을 사는 것입니다. 애3:22-23

3. 성화의 전진

신앙은 성화의 전진을 하게 됩니다. 신앙은 앞으로 나아가게 합니다. 이 땅에서 저 천국을 향하여 나아가게 하고, 신앙의 초보에서 성숙으로 나아가게 하며, 죄인에서 의인으로 나아가게 하고, 더러움에서 거룩함으로 나아가게 합니다. 매일 매일 더 패배에서 승리로 나아가게 하고, 하나님을 향해 전진하게 하며, 천국을 향해 달려가게 합니다. 영원한 푯대를 향해서 힘차게 나아가게 합니다. 축복입니다. 빌3;14

4. 사명 참여

신앙은 그리스도께서 주신 위대한 사명에 참여하게 합니다. 그 사명에 기쁨으로 자원하여 헌신하게 합니다. 이전에는 사명이 무엇인지 모르고 살았습니다. 그저 먹고 마시고, 시집가고 장가가고, 사고팔고, 집짓고, 놀고 유흥을 즐기며 사는 것이 인생의 다인 줄 알고 살았습니다. 그러나 이제는 그것들은 인생의 전부가 아니며, 심지어 전혀 무가치하며, 무익하며, 위험한 것들임을 알게 됩니다. 오히려 그것들보다 더 가치 있고 위대한 사명이 있다는 사실을 깨닫게 됩니다. 그리고 그 사명을 위해 목숨도 아끼지 않는 참다운 인생을 살게 합니다. 그것이 바로 신앙입니다. 신앙은 사명으로 살게 하고, 사명은 인생을 새롭고 위대하게 합니다. 행20:24

5. 하나님의 기쁨

신앙은 하나님의 기쁨이 되게 합니다. 이전에 불신앙으로 살던 나의 모습이 하나님의 슬픔과 분노와 근심이었다면, 이제는 신앙으로 사는 나를 보시면서 나를 지으신 창조주이며 주인이신 하나님께서 기뻐하십니다. 신앙은 비로소 나의 본래 자리, 사람의 제일 되는 본분의 자리, 하나님을 기쁘시게 해드리는 그 자리를 찾게 하는 것입니다. 나도 기쁨을 이기지 못하게 됩니다. 습3:17

신앙은 우리 인생에 가질 수 있는 축복 중에 가장 큰 축복입니다.

구원론 8

칭의(稱義)

신앙 다음에 우리는 이제 칭의(稱義)를 살펴보아야 합니다. 칭의(稱義)는 무엇입니까?

1. 칭의(稱義)

칭의(稱義)란 "하나님께서 예수 그리스도의 완전한 의(義)와 대속(代贖)의 피를 근거로 하여 죄인들의 죄를 속(贖)하시고, 이제 그 죄인을 의롭다고 칭(稱)해 주시는 법적인 행위"를 말합니다. "죄인이 스스로 자기를 의롭게 만들다"가 아니라, "하나님께서 죄인을 의롭다고 여겨 주시다"라는 뜻입니다. 즉 이제 하나님의 공의가 더 이상 그를 정죄하지 않게 된다는 뜻입니다. 롬8:33-34

2. 본질과 특징

이런 의미에서 칭의(稱義)는 몇 가지 본질과 특징을 가지고 있습니다. 첫째 칭의는 모든 죄책을 제거합니다. 즉 하나님께서 우리 죄인을 용서하시고 용납하심을 말하는 것입니다. 하나님의 법정에서, 이제 죄인의 자리에서 떠나 의인의 자리로 옮겨서게 되는 것입니다. 모든 죄의 책임에서 벗어나는 것입니다. 롬4:7-8

둘째 칭의(稱義)는 죄인으로 하여금 영원한 하늘의 유산과 하나님의 자녀의 모든 권리를 갖게 합니다. 즉 하나님의 자녀로 입양됨을 말하는 것입니다. 이제 하나님을 아바 아버지라 부를 수 있게 하신 것입니다. 이제 하나님의 자녀로서 그 유업을 받아 누리게 합니다. 갈4:7

셋째 칭의(稱義)는 단번에 일어나며, 반복되지 않고, 영원까지 이르게 됩니다. 칭의(稱義)는 중생(重生), 회심(回心), 성화(聖化) 같은 갱신 행위가 아니며, 혹은 과정도 아닙니다. 하늘 법정에서 단번에 선언되고 선포되는 법적인 행위입니다. 때문에 단번에 이루어지는 것이지 오랜 시간에 걸쳐서 점차적으로 이루어지는 것이 아니라는 것입니다. 즉 우리의 범죄에 의해서도 다시 번복됨이 없다는 것입니다. 하나님의 부르심에는 후회하심이 없기 때문입니다. 롬11:29

넷째 칭의(稱義)는 오직 예수 그리스도의 구속의 공로로 이루어지며, 모든 결과는 성부 하나님께 돌려집니다. 즉 우리의 어떤 공로도 포함되지 않습니다. 우리의 어떤 수고와 헌신도 칭의(稱義)에는 무용합니다. 우리의 어떤 노력이나 행위도 이 칭의(稱義)에 기여하지 못합니다. 이 칭의(稱義)는 오직 예수 그리스도 우리 주님의 십자가의 대속의 공로로만 이루어집니다. 그리고 이 모든 것의 결과는 오직 하나님께만 돌려

집니다. 오직 하나님께만 영광을 돌리며 감사해야 합니다. 엡1:12, 2:9

　다섯째 칭의(稱義)는 죄인의 수준에 관한 것이 아니라, 신분(身分)에 관한 것입니다. 즉 칭의에 의해서 죄인의 상태가 즉시 의로워지는 것이 아니라는 것입니다. 상태는 죄인 그대로인데 그 신분만 의인으로 바뀐다는 것입니다. 수준은 여전히 그대로인데 신분이 바뀐 것입니다. 여전히 범죄 하는 죄인이요, 완전 의인이 아닌데, 오직 예수님의 십자가의 피로 인해서, 하나님 앞에서는 의인으로 인정해 주신다는 것입니다. 즉 얼마든지 또 범죄에 빠질 수 있다는 말입니다. 그러므로 칭의 이후에는 부단히 더 거룩해지는 성화(聖化)가 반드시 필요합니다. 부단히 더 거룩해져 가야 합니다. 빌2:12

구원론 9

칭의(稱義)의 요소(要素)

칭의(稱義)는 우리 구주되시는 예수 그리스도께서 십자가의 대속으로 우리를 값 주고 사신 것으로 인해서, 하나님께서 우리를 의롭다고 칭(稱)해 주시는 법적인 선포입니다. 이 칭의(稱義)로 인해서 우리는 더 이상 하나님 앞에서 죄인과 원수로 있지 않고, 하나님의 자녀로 설 수 있게 된 것입니다. 이 칭의(稱義)에는 중요한 몇 가지 요소가 있습니다.

1. 소극적 요소

먼저 소극적 요소입니다. 그것은 예수 그리스도의 십자가를 통한 의(義)가 우리에게 전가되어, 하나님께서 우리의 죄를 용서해 주시는 것입니다. 이제 하나님께서 의인이라고 법적인 선포를 해 주시는 것입니다. 이 칭의로 인한 죄 용서는 과거의 모든 죄와, 현재의 모든 죄와, 미래의 모든 죄를 포함합니다. 그러나 기억할 것은 이 선포가 죄인의 회심(回心)에 의하여 그 효력을 갖게 하셨다는 것입니다. 마4:17, 눅5:32

2. 적극적 요소

첫째는 영생의 자격을 갖게 하시는 것입니다. 그래서 이 세상 뿐 아니라 영원토록 후사로서의 영생의 축복을 받아 누리게 하시는 것이며, 영원한 소망을 가지고 승리의 삶을 살게 하시는 것입니다. 이제 멸망치 않고 영생을 얻게 되는 것입니다. 요3:16

둘째는 자녀로 삼아 주심입니다. 이제 하나님을 아바 아버지라 부르게 하시고, 그래서 그 자녀로서 갖는 지위와 신분과 권위와 권세를 다 갖고 누리게 하시는 것입니다. 이 권세는 천사가 부러워하는 것이며, 마귀는 시기하고 두려워하는 권세입니다. 요1:12

셋째는 하나님이 주시는 위대한 사명에 참여시키시는 것입니다. 본래 하나님의 사명에 참여할 자격이 없던, 보잘것없고, 무가치 했던 죄인, 영원히 멸망 받을 죄인, 죄인 중에 괴수였던 죄인을, 위대한 하나님의 사명에 참여하게 하심으로 위대한 하나님의 자녀가 되게 하신 것입니다. 행9:15

넷째는 천국에서 영원히 주님과 함께 사는 것입니다. 사람이 한 번 죽은 것은 정하신 것이요 그 후에는 심판이 있습니다. 그 심판 후에 본래 우리는 영원한 지옥 멸망에 떨어져야 할 죄인이었습니다. 그런데 이제 우리가 이 땅을 떠날 때 영원한 하나님의 나라에서 주님과 영생복락을 누리며 함께 살게 되는 축복을 받고, 영원한 주님의 나라에서 주님과 영원히 사는 것입니다. 요14:3

칭의(稱義)는 하나님의 자녀로서 모든 것을 누리게 하시는 하나님의 망극하신 은혜이며 사랑입니다. 마음껏 누려야 합니다.

구원론 10

칭의(稱義)의 영역

하나님께서 우리를 의롭다고 칭해주시는 칭의(稱義)로 우리는 하나님 앞에 설 수 있게 되었습니다. 본래 죄악 중에 잉태되고, 죄악 중에 출생하여, 죄악 중에 살다가, 죄악 중에 죽어 영원한 지옥 형벌에 떨어졌어야 마땅할 죄인인 우리가, 거룩하신 하나님 앞에 서고, 하나님의 백성이 되고, 하나님의 자녀가 되어 하나님을 아버지라 부르며, 그 하나님의 사랑을 받을 수 있게 되고, 영원토록 하나님 앞에서 하나님을 섬길 수 있게 된 것은, 하나님께서 예수 그리스도의 십자가의 대속(代贖)을 통해 주신 이 칭의(稱義)의 은혜로 인함입니다. 영원한 감사의 제목입니다. 그런데 이 칭의(稱義)에는 두 가지 영역이 있습니다.

첫째, 하늘의 영역

첫째 영역은 하늘의 하나님 법정에서 이루어지는 영역입니다. 본래 하늘의 법정에서 우리는 죄인이었습니다. 우리의 원죄(原罪)와 자범죄(自犯罪)로 인해서 평생의 죗값으로 인한 고통과, 영원한 지옥 멸망을 선고 받은 죄인입니다. 하나님 앞에 설 수도 없고, 하나님의 사랑과 은혜를 받아 누릴 수 없었던 신분이었습니다. 그런데 하나님의 독생자이신 예수님께서 십자가에서 내 죄를 대신 지고 죽어 주셨습니다. 그 죗값을 자신의 보배로운 피로 다 치루셨습니다. 그로 인해서 이제 내 죄는 용서받게 되었습니다. 그것을 근거로 해서 하늘의 법정에서 이제 나를 의롭다고 선포해 주시는 법정 선고가 내려진 것입니다. 이제 하늘에서 누구도 나를 죄인이라 말할 수 없게 된 것입니다. 롬3:24

둘째, 내 마음의 영역

다음은 내 마음속에서 이루어지는 영역입니다. 하늘에서 선고된 의롭다 하신 하나님의 법정 선고 내용을 성령께서 가지고 오셔서 내게 분명하게 알리시고, 내 마음에 선명하게 새겨 넣으시는 것을 말합니다. 내 마음에 확신(確信)을 주시는 것입니다. 하늘에서 선포된 나의 의롭게 된 사실이 내게 확실하게 전달됨으로 인해서 이제 나는 그 확신을 가지고 하나님 앞에 담대히 서게 되는 것입니다. 하나님 앞에서 더 의롭게, 더 하나님의 백성답게, 더 분명한 하나님의 자녀로 살게 되는 것입니다. 이 칭의(稱義)의 확신으로 인해서 우리는 담대하게 되고, 저 천국을 더 소망하면서, 더 승리하며 살게 되고, 마귀는 더 위축되게 되는 것입니다. 롬8:33-39

구원론 11

성화(聖化)

칭의(稱義)를 이야기 하고 나면, 그 다음은 당연히 성화(聖化)를 이야기해야 합니다. 왜냐하면 칭의는 신분이 바뀐 것이지, 수준이 바뀐 것이 아니기 때문입니다. 때문에 칭의(稱義)를 입은 하나님의 자녀는 당연히 점점 더 거룩하게 하나님을 닮아가는 성화(聖化)의 수준까지 높여가야 하기 때문입니다.

1. 성화의 뜻

성화(聖化)는 "거룩하게 되다"라는 뜻으로, 히브리어 원문의 뜻은 "잘라내다" "구별되다"라는 뜻을 가지고 있습니다. 즉 거룩하지 않은 모든 것을 잘라내고, 세상과 구별되어 하나님의 자녀다운 면모, 신자다운 모습을 점점 더 가지게 되는 것을 말하는 것입니다. 날마다 하나님같이 점점 더 거룩해져가는 것을 말합니다. 날마다 더 천국 백성 다워져 가는 것을 말합니다. 이것은 의무이며 축복입니다. 레11:45

2. 성화의 내용

성화(聖化)는 단순한 도덕적, 윤리적 선함을 말하는 것이 아닙니다. 하나님과의 관계에 관한 것을 말합니다. 첫째는 하나님께서 예수 그리스도의 십자가 대속을 근거로 하여 죄인을 죄의 부패에서 깨끗하게 하시겠다는 칭의(稱義)의 선포를 말합니다. 둘째는 칭의 받은 신자의 전 본성을 성령께서 하나님의 말씀인 성경으로 하나님의 형상을 닮아 가도록 갱신하시는 것을 말합니다. 셋째는 죄인으로 하여금 선하게 하시고, 거룩한 것을 위해 헌신하게 하시는 은혜로우시며 계속적인 성령의 역사를 말합니다. 엡4;13

3. 성화의 기초

성화(聖化)의 기초는 예수 그리스도의 십자가의 대속(代贖), 하나님의 거룩하심, 그리고 변함이 없으신 하나님의 무한하신 사랑이 기초가 됩니다. 그래서 하나님의 거룩하심을 일평생 지속적으로 닮아가는 것입니다. 엡2;4-7

4. 성화의 종류

성화의 종류에는 몇 가지가 있습니다.

첫째는 성도 개인의 성화(聖化)입니다. 성도는 모든 삶이 날마다, 평생 지속적으로 거룩해져야 합니다. 마지막 이 땅을 떠나는 그 날까지 점점 더 거룩해져 가야 합니다.

둘째는 그 성도들의 공동체인 교회 공동체의 성화입니다. 성도들의 거룩으로 인해서 교회 공동체는 거룩해져야 합니다. 그 교회의 거룩으로 세상에 빛과 소금이 되어 하나님의 영광이 되어야 합니다.

셋째는 장소의 거룩입니다. 하나님께 영광과 예배드리는 교회 공동체와 그 예배드리는 장소, 모이는 장소도 거룩해야 합니다. 거룩한 예배와 성도와 공동체를 담는 그릇도 마땅히 거룩해야 합니다.

넷째는 성도들의 가정과 삶의 현장의 성화입니다. 성도의 가정은 하나님이 지으신 신적 기관으로 거룩해야 합니다. 하나님이 거하시는 거룩한 가정이 되어야 마땅합니다. 또한 성도들의 삶의 현장도 거룩해야 합니다.

다섯째는 날의 거룩입니다. 하나님이 정하신 주일이 거룩해야 하고, 성도들의 사는 모든 날 매일 매일이 거룩해야 합니다.

여섯째는 물질의 거룩입니다. 성도들의 물질의 수입이 거룩해야 하고, 지출이 거룩해야 합니다. 하나님께 드려지는 물질이 거룩해야 합니다. 하나님 앞에서의 모든 것은 거룩해야 합니다. 신23:18, 벧전1:16

구원론 12

성화(聖化)의 특징

칭의(稱義)를 받은 성도는 날마다 더 거룩해져야 합니다. 날마다 더 거룩해져야 하는 것이 당연하고 마땅한 성도의 길이며 하나님의 자녀다운 삶입니다. 성도가 날마다 더 거룩해져 가다가 마지막 이 땅을 떠날 때에는 최고로 성화되어 천국에 들어가야 합니다. 성화(聖化)는 몇 가지 특징을 가지고 있습니다.

1. 하나님의 은혜

성화(聖化)는 하나님의 은혜의 사역입니다. 하나님이 주시는 은혜가 아니면 인간은 절대 스스로의 힘과 다짐만 가지고는 거룩해질 수 없습니다. 아무리 명상을 하고 수양을 하고 학문을 닦고, 훈련을 하고, 노력을 한다 해도 하나님의 주시는 은혜 없이는 인간의 성화는 불가능합니다. 고전15:10

2. 재창조적 사역

성화(聖化)는 하나님의 재창조적 사역입니다. 칭의(稱義)는 하나님께서 선언하시는 선포입니다. 반면 성화는 그리스도 안에서 성도의 자발적이고 자원하는 적극적인 순종을 통해서 하나님께서 친히 우리를 다시 만들어 가시는 은혜의 재창조적 사역입니다. 우리 주 예수 그리스도 안에서 하나님의 뜻하신 대로 우리가 순종하면, 우리의 전 인격과 인생을 새롭게 만들어 가십니다. 고후5:17

3. 오랜 기간의 과정

성화(聖化)는 오랜 기간에 걸쳐서 이루어지는 과정입니다. 칭의는 단번에 이루어지는 것이지만, 성화는 절대 하루 아침에 이루어지는 것이 아닙니다. 끊임없이 죄와 싸우고, 마귀와 싸우며, 세상과 싸우고, 자신의 정욕과 싸우면서 이루어지는 일생의 지속적인 치열한 과정입니다. 우리의 성화의 완성은 천국에 들어가면서 이루어집니다. 때문에 실망하지 말고 포기하지 말고 계속 성화에 매진해야 합니다. 빌3:12-16

구원론 13

성화(聖化)의 이유

성화(聖化)는 성도에게 주시는 하나님의 크신 은혜이며 사랑이고 축복이며 의무입니다. 성화를 통해서 성도는 하나님의 사랑과 은혜를 더욱 깊게 누리며 알게 됩니다. 그럼 성화의 분명한 이유는 무엇입니까?

1. 택하심의 목적

하나님께서 우리를 그 기쁘신 뜻대로 택하셨습니다. 천에 하나, 만에 하나 택하셨습니다. 우리는 하나님께 특별하게 택하심을 입은 특별한 사람들입니다. 하나님의 택하심은, 성도로의 택하심이요 부르심입니다. 성도(聖徒)라는 말은 "거룩한 사람들"이라는 말입니다. 즉 성도(聖徒)로 택하심을 받고 부름 받았다는 것은 "거룩함"으로 택하심을 받고 부름을 받았다는 뜻입니다. 부르심이 그렇다면 성도들은 거룩해야 합니다. 이것은 당연하고 마땅한 일입니다. 이로 볼 때 하나님의 선택하심의 목적이 거룩함인 것입니다. 그러므로 우리는 성화되어야 합니다.
엡1:4, 살전4:7

2. 삶의 목적

우리가 하나님께 특별하게 선택받았다는 것은, 방종하거나 제 멋대로 살아도 된다는 의미가 아닌 것입니다. 오히려 하나님의 거룩하심과 같이 거룩하게 하시려고 특별하게 선택하시고 부르신 것입니다. 그러므로 더 고무되어, 더 거룩하고, 더 높은 거룩함을 성취하려는 마음과 더 거룩해지려는 힘씀으로 거룩한 성취를 삶의 목적으로 삼아야 하는 것입니다. 그것이 성도의 인생입니다. 그래서 성도는 날마다 더 거룩해져가는 사람이 되는 것입니다. 레19:2

3. 하나님의 영광을 위하여

우리 구원의 목적은 하나님의 영광을 위한 것입니다. 우리 신앙의 목적도 하나님의 영광을 위한 것입니다. 우리 전 인생의 목적도 하나님의 영광을 위한 것입니다. 우리의 존재 목적도 하나님의 영광을 위한 것입니다.

우리가 더 거룩해지고자 하고, 더 높은 성화를 소망하게 되면서 자연스럽게 나오는 마음은 하나님의 영광을 위해 살고자 하는 마음입니다. 거룩한 마음은 하나님의 말씀에 순종하고자 하고, 하나님의 말씀에 순종하는 삶은 더 거룩해지는 삶이 되고, 그 거룩한 삶과 순종은 하나님의 영광을 위하고자 하는 마음과 삶으로 살게 하는 것이 당연한 귀결입니다. 그것이 인생의 유일한 목적이 됩니다. 만일 하나님의 영광이 그 목적이 아니라면, 그 거룩은 위선과 가식에 불과한 거짓 거룩에 불과하게 됩니다. 그것이 바리새인들입니다. 마23:27, 고전10:31

구원론 14

성화(聖化)의 필요성

어떤 성도는 신앙생활을 하지만 일평생 성화 없이 살다가 죽는 경우도 있습니다. 그런가 하면 어떤 성도는 일평생 성화되면서 더욱 거룩해지고, 더욱 성장하고 성숙하면서 아름다운 성도의 일생을 사는 성도도 있습니다. 그렇다면 성화는 꼭 필요한 것일까요?

1. 하나님의 강한 요구

이미 밝혔듯이 성화(聖化)는 성도(聖徒)를 향한 하나님의 강한 요구입니다. 하나님은 성도들이 자신의 자녀로서, 당신의 백성으로서의 하나님을 닮은 거룩한 모습으로 살기 원하십니다. 이것은 거룩하신 하나님의 당연한 요구입니다. 벧전1:16

2. 신앙의 표현

성화(聖化)는 하나님을 향한 성도의 중요한 신앙의 표현입니다. 하나님을 신앙(信仰)한다고 하면서, 하나님을 사랑한다고 하면서, 하나님을 예배하고 찬양한다고 하면서, 하나님께 감사하다고 하면서 하나님을 닮아가는 성화(聖化)를 거부한다면, 그의 신앙의 모든 행위는 거짓입니다. 하나님을 섬기는 참된 신앙이 있는 성도들이라면, 당연히 하나님이 원하시는 거룩해지는 성화의 삶으로 자신의 신앙을 표현합니다. 이것은 중요한 하나님을 향한 신앙의 표현입니다. 약2:18

3. 신앙의 열매

성화(聖化)는 신앙의 중요한 열매입니다. 성도가 하나님 앞에서 신앙을 고백하고 신앙으로 생활한다고 할 때 그 열매로 맺어지고 나타나야 합니다. 하나님은 열매를 기대하십니다. 그리고 그 중요한 열매가 바로 더 거룩해지는 성화입니다. 그 성화로 인해 하나님의 영광이 됩니다. 예수를 믿고 전혀 거룩해짐이 없다면, 그는 전혀 열매가 없다는 뜻입니다. 그리고 거룩함이 없는 열매는 진정한 성도의 열매라고 할 수도 없습니다. 마7:16-21

4. 성도의 확증

한 사람이 예수 그리스도의 십자가 구속으로 구원을 얻고, 신앙을 소유하게 되고, 그 신앙으로 생활을 시작하게 되면, 그는 날마다 더 삶이 거룩해지게 되고, 이것이 그가 하나님의 백성으로서 새로운 피조물로 새로 태어난 확증이 되는 것이며, 하나님이 살아 역사하신다는 확증이며, 기독교 신앙이 바른 신앙이라는 확증이며, 절망의 세상에 소망이 되는 확증이 되고, 성경이 진리라는 확증이 되며, 마지막 주님의 재림과 천국이 실재한다는 확증이 되는 것입니다. 이것은 하나님과 교회와 세상에 대한 성도의 확증입니다. 아멘! 롬6:2

구원론 15

성화(聖化)의 과정

성도는 성화되어야 마땅합니다. 이것이 성도를 택하시고 구원하시고 부르신 하나님의 강력한 요구이시기 때문입니다. 또한 그가 성도라는 중요한 표시가 성화이며, 성도로서 그가 맺는 열매 또한 성화이기 때문입니다. 또한 성도는 성화를 통해서 하나님께 영광을 돌리는 삶을 살 수 있기 때문입니다. 그럼 성화의 과정은 어떻게 이루어집니까?

1. 자기 포기

성화(聖化)가 시작하는 첫 걸음은, 성도(聖徒) 스스로가 자기를 부인하고 자기를 포기해야 이루어질 수 있습니다. 매일 매 순간 자기를 철저하게 포기하고 부인하지 않으면 성화는 불가능합니다. 본래의 자기를 버리지 않으면 불가능합니다. 지금까지의 자기 자신의 포기입니다. 죄에 빠져있던 옛 습관의 버림입니다. 세속의 반성경적 삶을 끊어버림입니다. 불건전과 불경건, 거룩하지 않은 것과 비성경적인 예전의 모든 것을 잘라 버리고 포기하는 것입니다. 고전15:31

2. 세속을 끊어 버림

날마다 더 거룩하게 되어 감을 위해서는 세속을 끊어 버려야 합니다. 세속화되어 세속을 따라가면서는 결코 성화가 이룰 수 없습니다. 세속은 성도를 유혹하고 더럽히고 범죄 하게 하고 하나님을 떠나게 합니다. 세상을 사랑하면서 동시에 하나님을 사랑할 수는 없습니다. 그러므로 세속을 끊어 버려야 성화가 될 수 있습니다. 요일2:15-17

3. 채워 넣음

끊임없이 하나님의 거룩한 것으로 채워 넣어야 합니다. 거룩한 주님의 성품과 거룩한 진리와 그 순종의 거룩한 습관, 영적인 경건 등으로 채워 넣어야 합니다. 거룩한 것으로 채워질수록 더 성화되는 것입니다. 옛것을 버린 곳에 이제 새것을 채워 넣는 것입니다. 죄악을 버리고 의로움을 채워 넣음입니다. 자기를 버리고 예수님을 채워 넣음입니다. 옛 습관을 버리고 새로운 진리의 습관을 채워 넣는 것입니다. 세상 것을 버리고 천국의 것을 채워 넣는 것입니다. 썩을 것을 버리고 썩지 않을 것으로 채워 넣는 것입니다. 영원하지 않는 것을 버리고 영원한 것으로 채워 넣는 것입니다. 그렇게 함으로써 매일 더 거룩해지는 것입니다. 엡4:22-24 빌3:7-12

4. 지속적인 깨끗하게 함

지속적인 깨끗하게 함이 그 뒤를 따라야 합니다. 하나님의 말씀과 기도와 다양한 경건의 습관들을 가지고 자신을 지속적으로 깨끗하게 하는 작업을 계속해야 거룩하게 됨이 지속되고 성화됩니다. 이제 내가 사는 것이 아니라, 내 안에 그리스도께서 사시는 삶을 살아가야 합니다. 이것이 중단되면 안 됩니다. 우리는 빈 공간으로 있을 수 없기 때문입니다. 갈2:20

5. 성령의 역사

이 모든 것이 성령의 도우심의 역사로 가능합니다. 단순한 인간의 노력이나 애씀만 가지고는 한계가 있습니다. 성령의 임하심과 도우심, 간섭하심과 은혜로 함께 하심 등이 계속 될 때 성화는 가능하게 됩니다. 그래서 우리는 전적으로 성령께 의지하고 붙잡아야 하고, 붙잡혀 살아야 합니다. 날마다 성령의 도우심을 간구해야 하고, 성령을 좇아 순종의 삶을 살아야 합니다. 갈5:16-17

구원론 16

성화(聖化)의 도구

성도는 성화되어야 합니다. 성도가 성화될 때, 하나님께서 매우 기뻐하시고, 세상에는 빛과 소금이 되어 사람들도 하나님께 영광을 돌리게 됩니다. 자신도 가장 행복하며, 교회에도 큰 유익을 끼치게 됩니다. 때문에 성도에게 성화는 필수적인 것이며, 성화로 인해서 얻는 유익은 말로 다 할 수 없습니다. 그럼 하나님께서 무엇을 사용하셔서 우리로 성화되게 하시는지, 그 성화를 위해 사용하시는 도구를 살펴봅시다.

1. 성경

성화(聖化)를 위해서 하나님께서 사용하시는 가장 첫째 되는 중요한 도구는 성경입니다. 하나님의 특별계시이며 하나님의 말씀인 성경 없이 성화되는 것은 불가능합니다. 만일 누가 성경 없이 성화되는 척 한다면 그것은 거짓입니다. 가식입니다. 성화는 반드시 성경이 있어야 합니다. 딤후3:16-17

2. 목회자

성화를 위해 하나님께서 두 번째 사용하시는 도구는 목회자입니다. 하나님께서는 성도를 온전하게 하기 위해서 구약에서는 선지자를, 초대교회 때는 사도를, 신약시대에는 목사들을 목회자를 세우셔서 성도를 온전케 하셨습니다. 때문에 목회자 없이 성화되는 척 한다면, 그것도 거짓입니다. 한 성도의 성화는 반드시 하나님이 세우신 목회자를 통해서 됩니다. 엡4:11-12

3. 교회

셋째로 하나님이 사용하시는 성화의 도구는 교회입니다. 비록 지상교회가 여러 가지 한계가 있고 문제도 끊임없이 일어나지만, 그래도 하나님은 그 주님의 몸 된 교회를 사랑하시며, 그 교회를 통해서 성도를 훈련하시고 다듬어 성화되게 하십니다. 때문에 누가 교회 없이 성화되는 척 한다면 그것도 거짓입니다. 한 성도의 성화는 반드시 교회 안에서, 교회를 통해서 이루어집니다. 엡1:23

4. 세상

넷째는 성도들이 삶을 살아가는 세상, 즉 신앙생활의 현장에서 성화되게 하십니다. 산속에서 홀로 성화되는 것은 진정한 성화가 아닙니다. 수도원에서 홀로 성화되었다고 하는 것은 거짓이고 외식입니다. 세상 속에서 고난과 환난과 핍박 속에서 거룩하게 되어 소금과 빛이 되는 것이 진정한 성화입니다. 약1:2-4

5. 복종

다섯째로 하나님이 사용하시는 도구는 그 성도 자신의 겸손한 순종과 복종이 성화되게 하는 중요한 도구입니다. 아무리 성경을 배우고 성경 지식이 많다고 해도, 순종하지 않으면 전혀 성화는 이루어지지 않습니다. 아무리 교회에서 직분을 가지며, 많은 봉사를 한다 할지라도 복종하지 않으면 결코 성화는 이루어지지 않습니다. 일을 잘하는 일꾼은 될 수 있을지 모르지만, 거룩한 성도는 되지 못합니다. 성화는 성도 자신이 하나님 말씀대로 절대 순종할 때 성화가 되는 것입니다.
히13:17

구원론 17

성도의 견인(堅忍)

성도는 장망성(將亡城)인 이 세상을 지나 영원한 천성을 향해 가는 길목에서 성도답게 거룩하게 살아가는 사람들입니다. 그래서 비록 타락한 세상에 살고 있지만, 하나님의 자녀답게, 백성답게, 성도답게 사는 것은 당연한 일이며, 하나님께서 기뻐하시는 일이며 영광을 받으시는 일입니다. 때문에 성도는 부단히 거룩해져가는 성화의 삶을 살아야 합니다. 그리고 천국에 들어서는 그 날까지 승리해야 합니다. 그런데 그것은 우리 힘으로만 되는 것이 아닙니다.

1. 견인(堅忍)

견인(堅忍)이란, "성령께서 성도의 삶 속에서 하나님의 은혜의 역사를 시작하시고, 계속해서 붙잡으시고, 마침내 그것을 완성하시는 성령님의 계속적 역사"를 말합니다. 하나님께서 성도를 견고하게 붙잡고 인내하는 것을 말합니다. 빌1:6

2. 포기하지 않으시는 하나님

하나님은 절대 실수 하지 않으십니다. 결코 실패하지도 않으십니다. 하나님은 한 번 택하시고, 독생자 예수님의 십자가 대속의 피로 구원하신 하나님의 백성이 된 성도들을 끝까지 포기하지도 않으십니다. 끝까지 붙잡고 가십니다. 그래서 성도는 절대 하나님의 은혜의 상태에서 버려질 수 없습니다. 그 무엇도 하나님의 이 사랑에서 끊을 수 없습니다. 이 하나님의 불변의 사랑과 은혜로 우리가 천국까지 이르게 되는 것입니다. 롬8:38-39, 요10:28-29

3. 하나님의 인내하심

우리 인간은 하나님의 그 망극하신 사랑과 주님의 십자가 대속의 그 크신 은혜를 입었음에도 불구하고, 여전히 죄성(罪性)을 가지고 날마다 하나님을 거역하고, 불순종하며, 때로는 연약하여 실패하고 넘어집니다. 그때마다 하나님은 여전한 사랑으로 인내하시며 포기하지 않으시며 성도를 붙잡고 가십니다. 하나님의 이 참아주심이 오늘도 여전히 우리로 하나님 앞에 서 있게 하는 것입니다. 행13:18, 롬8:26

4. 예수님의 중보하심

하나님의 독생자 예수님, 우리 죄를 대신 지시고 십자가에 죽어주신 예수님께서 쉬지 않고 하나님 아버지와 우리 사이에서 중보하십니다. 언제나 우리 편에 서서 우리와 함께 하십니다. 그것이 우리에 대하여 참아주시는 하나님의 인내하심의 큰 이유입니다. 마1:23

5. 성도의 인내

그럼 성도는 그저 먹고 마시며 놀면 되는 것입니까? 아닙니다. 성도 역시 여전히 마귀와 대적하며, 세상의 유혹을 거절하고 끊으면서 선한 싸움을 싸우며, 믿음을 지키며, 푯대를 향하여 달려갈 길을 달리면서 사명을 완수하는 인내를 해야 합니다. 물론 이 힘도 하나님이 주시지만, 그 힘을 힘입어 끝까지 인내하며 승리해야 합니다. 그렇게 할 때 성도는 천국에 들어설 때까지 승리할 수 있고, 영광의 면류관을 쓸 수 있는 것입니다. 딤후4:7-8

교회론

교회론 1

교회(敎會)

구원을 얻은 우리는 이제 교회(敎會)를 배우고 알아야 합니다. 교회라는 주제는 교회 역사 속에서 가장 많이 언급되어 온 주제입니다. 그러나 가장 몰이해 속에 있는 주제이기도 합니다. 교회 역사 속에서 많은 교회의 위기들이 있었는데, 그 위기들도 많은 경우에 교회론의 위기였습니다. 교회가 무엇인지를 잘 모르면, 교회생활을 잘 못할 수 밖에 없고, 신앙생활도 그럴 수밖에 없는 것입니다.

1. 성도와 교회

택하심과, 독생자를 내어주신 하나님 아버지의 사랑과, 독생자 예수 그리스도의 십자가의 대속의 은혜로 구원을 얻어 하나님의 백성과 자녀 된 성도는 절대 교회를 떠나서 살 수 없습니다. 물고기가 물을 떠나 살 수 없듯이, 나무가 대지(大地)를 떠나 살 수 없듯, 성도는 교회를 떠나서 살 수 없습니다. 성도는 비록 세상에 살지만, 교회에서 태어나고, 교회에서 자라고, 교회에서 살고, 교회에서 일하고, 교회에서 죽

어 천국 갑니다. 성도는 교회의 지체이며, 교회는 성도의 몸이며 집입니다. 시27:4-5, 고전12:27

2. 교회를 어떻게 이해하느냐

교회를 어떻게 이해 하느냐에 따라서 그의 교회생활은 달라지고, 그에 따라서 그의 신앙생활도 달라지게 됩니다. 교회를 단순한 또래집단의 친목 모임으로 이해하는 사람은 그렇게 친목을 위하여 교회생활을 할 것입니다. 교회를 자신이 소원하는 그 무엇을 들어주는 곳으로 이해하는 사람은 교회생활을 그렇게 자신의 요구만 관철시키려 할 것이며, 그의 신앙생활도 그렇게 될 것입니다. 교회를 힘든 세상의 도피처로 생각하는 사람은 교회생활을 또 그렇게 교회로 도피만 하려 할 것입니다. 교회를 복 받기 위해서 찾는 사람들은 그저 복만 구하면서 그것을 위해서 교회생활을 하게 되어 기복신앙으로 전락될 것입니다. 교회를 단순한 종교로 생각하는 사람들은, 교회생활을 자신의 삶의 하나의 장신구 정도로만 생각하며 교회를 다닐 것입니다. 실제로 교회에 오는 사람들은 각자의 다양한 이해와 목적을 가지고 교회에 와서 그들의 이해와 목적을 요구하고 관철시키려 합니다. 그리고 많은 경우에는 교회생활과 신앙생활을 실패하게 됩니다. 요6:26

3. 하나님의 목적

무엇보다 가장 중요한 것은 교회를 세우시고, 교회의 주인이신 하나님의 교회를 세우신 목적입니다. 하나님께서는 무엇을 위해 이 세상에 교회를 세우셨고, 교회가 존재하게 하시느냐 입니다. 이것이 교회를 바로 이해하는 중요한 열쇠입니다. 그리고 이 이해 속에서 교회생활이 되어야 바른 교회생활과 신앙생활이 될 수 있고, 하나님께서 예비하신 그 모든 사랑과 은혜를 받아 누리게 되는 것입니다. 하나님께서는 앞에 다양한 사람들의 언급한 이유보다 훨씬 더 중요한 목적으로 교회를 이 땅에 세우셨습니다. 우리는 그 목적을 따라야 합니다. 마16:18-19

교회론 2

교회(敎會)의 개념 1

교회(敎會)란 무엇인가? 이것을 제대로 이해해야 제대로 된 신앙생활이 될 수 있습니다. 때문에 교회가 무엇인지 그 개념을 제대로 배우고 알아야 합니다. 성경을 통해서 하나님께서 우리에게 가르쳐 주신 교회는 어떤 곳이며, 무엇인지 바로 알 수 있습니다. 성경은 교회를 다음 같이 설명합니다.

1. 피택자들의 모임

교회(敎會)는 하나님께서 구원하시려고 택하신 피택자(被擇者)들의 모임입니다. 하나님께서는 죄악으로 인해서, 사망과 저주 가운데 살며, 영원한 지옥 멸망으로 달려가는 죄인들 중에 일부를 구원하시기로 작정하시고, 그들을 자녀 삼기 위해서 만세 전에 그들을 택정하셨습니다. 그리고 독생자 예수님을 세상에 보내시어 십자가에서 대속제물(代贖祭物)로 대신 죽게 하시고, 그 택함 받은 백성들을 그들의 죄와 사망 가운데서 구원하셨습니다. 이 택함 받은 사람들은 때가 되어 하나님의 부르심을 입게 되고, 구원을 얻어 하나님의 자녀로 함께 모여 하나님께 예배하게 되는데, 그 택함 받은 사람들의 모임을 교회라 합니다. 엡1:3-6

2. 예수 그리스도의 몸

또 교회(敎會)는 예수 그리스도의 몸이라 합니다. 하나님의 귀하신 독생자 예수께서 십자가에서 대신 죽어주심으로 영생의 구원을 얻고 하나님의 귀한 자녀가 된 사람들은, 이제 예수 그리스도께 연합되어 예수께 속하게 됩니다. 이제 예수 그리스도 그분의 몸 안에 들어가 연합하게 되는 것입니다. 그래서 그 몸의 일부가 됩니다. 예수 그리스도가 머리가 되신 그분의 몸의 각 지체가 되는 것입니다. 그래서 머리이신 예수 그리스도의 명령에 절대 복종하며 살게 됩니다. 이것이 바로 교회입니다. 엡1;23

3. 하나님의 성전

또한 교회(敎會)는 하나님의 거하시는 거룩한 성전(聖殿)입니다. 택하신 자들의 모임이며, 예수 그리스도의 몸으로서의 교회는, 이제 하나님께서 거하실만한 거룩한 성전이 되게 됩니다. 이전 구약시대에 성전에 거하시던 하나님께서는 이제 신약시대의 거룩한 교회에 거하시기를 기뻐하시고, 그 교회에서 신령과 진정의 예배와 경배를 받으시고, 거기 거하시면서 함께 동행 하시고, 은혜와 사랑을 베푸시고, 축복하시기를 기뻐하신 것입니다. 그러므로 교회는 세상과 구별된 성전으로써 거룩해야 합니다. 성결해야 합니다. 교회를 더럽히는 것은 하나님을 모

독하는 것입니다. 고전3:16-17

4. 진리의 기둥과 터

또 교회(敎會)는 진리의 기둥과 터라 합니다. 이 말의 의미는

첫째, 교회는 진리를 소유한 곳이라는 것입니다. 이 세상에서 유일하게 진리를 소유하고 있는 지상 기관은 오직 교회밖에 없습니다. 둘째, 그 진리에만 절대 순종하는 모임이라는 것입니다. 교회는 그 진리에 절대 복종합니다. 셋째, 교회는 그 진리를 항상 전파해야 합니다. 이것은 교회의 머리이시며 주인이신 예수님의 지상 명령이기도 합니다. 때를 얻든지 못 얻든지 전파해야 합니다. 세상 끝날까지 전해야 하고, 땅 끝까지 전파해야 합니다. 넷째는 교회는 진리를 끝까지 사수하는 공동체라는 것입니다. 진리를 무시하고 거부하고 대적하는 조롱하고 비난하는 이 세상에서 이 진리를 주님 오시는 그 날까지 끝까지 사수해야 하는 곳이 바로 교회입니다. 때문에 교회에서 진리가 사라지고 선포되지 않고 사수되지 않는다면, 그것은 교회가 교회다운 교회가 아니라는 증거입니다. 딤전3;15

교회론 3

교회(敎會)의 개념 2

교회(敎會)란 무엇인가? 이것을 제대로 이해해야 제대로 된 신앙생활이 될 수 있습니다. 때문에 교회가 무엇인지 그 개념을 제대로 배우고 알아야 합니다. 성경을 통해서 하나님께서 우리에게 가르쳐 주신 교회는 어떤 곳이며, 무엇인지 바로 알 수 있습니다. 교회의 개념을 계속 공부합시다.

5. 법정

교회는 하나님의 법정입니다. 모든 하나님의 백성들은 이 하나님의 법정에 출두해야 합니다. 그리고 하나님의 선포하시는 말씀과 질문에 대해서 자신의 신앙과 삶을 거짓 없이 대답해야 합니다. 그리고 하나님의 말씀과 법에 의한 판단을 받아야 합니다. 그리고 그 판단 받은 결정 사항과 명령을 가서 즉시 이행해야 합니다. 그리고 그의 이행 여부에 따라서 심판을 받게 됩니다. 행2:37-40

6. 음부의 권세를 이기는

교회(敎會)는 이 세상에서 유일하게 음부의 권세를 이기는 하나님의 신적 기관입니다. 이 세상에서 교회 외에 음부의 권세, 즉 마귀와 죄의 권세를 이길 수 있는 기관은 없습니다. 교회의 머리 되시고 주인 되신 예수 그리스도께서 음부의 권세를 이기시는 권세를 가지고 계시고, 사망 권세를 이기시고 부활하셨고, 그 권세를 교회에 부여하셨기에, 음부의 권세가 그 몸인 교회를 결코 이기지 못하는 것입니다. 때문에 교회는 음부의 권세, 사망의 권세, 마귀의 권세를 이기는 공동체여야 합니다. 마16:18

7. 세상에 파송 받은

교회(敎會)는 부름 받아 예수 그리스도의 몸이 되고, 다시 세상으로 파송 받아 주님이 주신 사명을 성취해야 하는 기관입니다. 그 사명은 구원의 복된 소식을 온 천하 만민에게 전파하고, 세례를 주고, 주님의 제자를 삼고, 세상의 빛과 소금이 되고, 주님 다시 오실 길을 예비하는 것입니다. 그러므로 교회는 세상으로 가서, 세상에서 빛과 소금이 되고, 택한 백성들을 찾아 제자삼아 주님의 제자로 살게 하고, 주님 맞을 준비를 착실하게 하는 신적 기관으로서의 사명을 완수해야 합니다. 마28:19-20

8. 하나님의 영광을 위한

교회(敎會)는 함께 모여 하나님을 예배하며 경배하는 공동체입니다. 살아도 하나님의 영광을 위해 살고, 죽어도 하나님의 영광을 위해 죽는 공동체입니다. 이것이 사람의 제일 되는 목적이며, 교회의 중요한 존재 목적입니다. 하나님의 영광을 가리는 교회는 차라리 없는 것이 더 나은 것입니다. 교회는 오직 하나님의 영광을 위해 존재합니다. 요4:23-24, 고전10:31

교회론 4

교회(敎會)의 개념 3

 교회(敎會)란 무엇인가? 이것을 제대로 이해해야 제대로 된 신앙생활이 될 수 있습니다. 때문에 교회가 무엇인지 그 개념을 제대로 배우고 알아야 합니다. 성경을 통해서 하나님께서 우리에게 가르쳐 주신 교회는 어떤 곳이며, 무엇인지 바로 알 수 있습니다. 우리는 두 번에 걸쳐서 교회가 무엇인지 알아보았습니다. 이제 마지막 교회의 개념을 알아봅시다.

9. 예수님의 재림을 준비하는

 교회(敎會)는 교회의 주인 되시며 머리 되신 예수 그리스도의 다시 오심을 준비하는 공동체입니다. 우리 주님 예수께서 다시 오신다고 약속하셨고, 이제 곧 다시 오십니다. 온 세상과 천하 만민을 그 앞에 불러 세우시고, 각 사람의 행한대로 심판하시기 위해서 다시 오십니다. 교회를 회복시키시어 영광 가운데 하나님의 나라로 들이시기 위해서 다시 오십니다. 심판주(審判主)로서 영광 가운데 다시 오십니다. 교회는

그 날을 사모하면서 깨어 기다리면서 준비해야 하는 것입니다. 마라나타! 계22:20

10. 그리스도의 신부

교회는 그리스도 예수의 신부입니다. 마지막 주님의 재림의 날은 신랑 되신 주님과 신부인 교회의 혼인 잔치입니다. 지금 교회는 이 주님과의 혼인 잔치를 준비하고 있는 신부로서 살고 있는 것입니다. 신부는 정결해야 합니다. 어떤 어려움과 고난과 유혹과 핍박 속에서도 그 거룩한 신앙의 정조를 주님 앞에서 지키고 있어야 합니다. 순결이 무너지면 신부로서의 모든 자격을 잃게 됩니다. 신앙의 순결을 지키고 있어야 합니다. 그래서 그 날 신부는 신랑과 온전한 연합을 이루고, 신랑의 모든 것을 함께 공유하게 됩니다. 신랑과 함께 신랑의 모든 것을 행복하게 누리게 되는 것입니다. 이제 교회가 그렇게 될 것입니다. 계19:7-9

11. 천국에서 영원히 사는

교회는 이 후 천국에서 영원히 주님과 함께 사는 공동체입니다. 주님의 지상 사역은 전부가 장차 이루실 하나님의 나라를 세우시려 애쓰신 것이었습니다. 메시지의 대부분도 앞으로 영원히 펼쳐질 하나님의 나라, 천국에 대한 것이었습니다. 우리를 구원하심도 영원한 천국에 데려가기 위함이셨습니다. 교회는 이 세상이 본 집이 아닙니다. 이 세상은 장망성(將亡城)입니다. 교회는 저 천국이 본향이며 그 곳에 영원히 살 집이 있는 것입니다. 이제 그곳에서 주님과 함께 영원히 살 것입니다. 요14:1-3

12. 사랑의 공동체

교회는 사랑의 공동체입니다. 교회는 여러 직분도 있고, 사역들도 있습니다. 그러나 교회에서 가장 중요한 핵심 중에 핵심은 바로 사랑입니다. 아무리 직분을 감당하고, 조직이 있고, 역동적인 사역을 한다 할지라도 사랑이 없으면 그것은 교회가 아닙니다. 아무리 아름다운 찬송을 하고, 신앙고백을 하고, 예배를 드려도 사랑이 없으면 아무 것도 아닙니다. 아무리 성경을 공부하고 가르치고 외쳐도 사랑이 없으면 그것은 교회의 모습이 아닙니다. 믿음도 있고 소망도 있고, 사랑도 있지만, 그 중에 사랑이 제일인 곳이 바로 교회입니다. 교회는 사랑으로 시작해서 사랑으로 움직이고 사랑으로 끝맺는 곳입니다. 고전12:29-13:3, 13:13

13. 그저 다니는 곳이 아님

때문에 교회는 그저 다니는 곳이 아닙니다. 그저 시간 날 때 한 번 가보는 곳이 아닙니다. 교회는 택자들의 모임부터, 천국에서 영원히 사는 것까지 단순한 이 세상에 있는 어떤 다른 곳과 같은 곳이 아닌 것입니다. 단순한 사람들의 모임이 아닙니다. 단순한 종교 집단도 아닙니다. 단순히 자기 이익을 위해서 모이는 곳도 아닙니다. 그러므로 교회는 가볍게 다니는 곳이 아니라, 진지하게 몸담아야 합니다. 진지하게 생각하고, 신령과 진정의 신앙(信仰)의 교회생활을 해야 합니다. 당신의 교회생활을 어떻게 하느냐에 따라서 남은 이 세상에서의 모든 인생과 삶이, 그리고 영원한 영생이 갈리게 되는 것입니다. 교회를 그저 다니지 마십시오. 롬12;1-2

교회론 5

교회(敎會)의 성질

이제 교회의 성질을 살펴봅시다. 교회(敎會)는 몇 가지 특성을 가지고 있습니다. 성경이 말하는 교회의 특성을 바로 이해하고 있어야 바른 교회생활을 할 수 있고, 바른 교회생활을 해야 바른 신앙생활을 할 수 있고, 끝까지 실패하지 않은 교회생활을 할 수 있습니다. 지금도 많은 사람들이 교회를 다니지만 교회에 대한 이해가 부족하거나 잘못되어, 비성경적인 잘못된 교회생활과 신앙생활을 하고 있는 것을 봅니다.

1. 유형 교회와 무형 교회

교회(敎會)는 눈에 보이는 유형(有形)교회와 눈에 보이지 않는 무형(無形)교회로 나뉘어 집니다. 유형 교회는 눈에 보이는 누구나 다 속해 있는 교회입니다. 주님이 말씀하시는 알곡 뿐 아니라, 쭉정이와 마귀의 수하인 가라지도 들어와 있을 수 있습니다. 그래서 눈에 보이는 유형교회 안에서는 여러 가지 잡음과 모순, 문제들이 끊임없이 생기고 존재하게 되는 것입니다. 반면에 무형 교회는 눈에 보이지 않는 교회입니다. 영적으로만 보이는 하나님 앞에서 진짜 신자들, 알곡들만 있는 보이지 않는 교회를 말합니다. 하나님 앞에 진정한 교회는 이 눈에 보이지 않는 무형 교회입니다. 마3:12

2. 유기체적 교회와 조직체적 교회

교회(敎會)는 예수 그리스도의 몸으로서 한 몸 되어 있는 유기체적 지체로서의 교회와 하나님이 정해주신 직분의 조직으로 되어 있는 조직체로써의 교회가 함께 어우러져 있습니다. 유기체적 교회는 영적인 교회입니다. 거듭나고 회심한 참된 주님의 백성들이 우리 주님을 머리로 하는 몸과 지체로서 존재하는 교회입니다. 성령님의 하나 되게 하심과 교통하심이 있는 교회입니다. 또한 교회에는 주님이 세우신 목사, 장로, 집사 등 직분이 있는 조직체이기도 합니다. 이 조직체적 교회는 영적이면서도 다분히 외적인 직분으로 조직화되어 있습니다. 때문에 잘못하면 유기체적 교회가 사라지고, 조직체적 교회만 남게 되고, 형식적이고 메마른 죽은 교회가 되기 쉽습니다. 때문에 이 두 가지가 잘 조화를 이루는 교회가 되게 해야 합니다. 롬12:4-8

3. 전투적 교회와 연합적 교회

이 세상에는 끝없이 교회를 대적하는 원수 마귀가 있습니다. 원수 마귀는 집요하고 끊임없이 우는 사자같이 교회와 성도들을 공격합니다. 때문에 교회(敎會)는 이 세상에 있는 동안에 끊임없이 원수 대적 마귀와 싸워야 하고, 이겨야 합니다. 그렇지 않으면 교회는 패배하게 되고, 패배하면 탈선하고 타락하게 됩니다. 이것이 전투적 교회입니다. 그래서 교회와 성도들은 훈련되고 무장되어야 합니다. 싸워서 반드시 이겨야 합니다. 또한 교회는 이 싸움을 위해서 연합해야 합니다. 연합되어 함께 원수 마귀와 싸워서 승리해야 합니다. 그래서 그리스도의 법을 성취해야 합니다. 교회는 하나가 되어야 합니다. 그러나 연합할 때 조심해야 합니다. 왜냐하면 이 세상에는 마귀가 만들어 놓은 거짓 교회도 있으며, 알곡만 있는 것이 아니라 쭉정이와 가라지도 있기 때문입니다. 그렇기에 우리는 누구와 연합해야 하며, 누구와 싸워야 하는지를 성경으로 깨어서 잘 분별해야 합니다. 그렇지 않으면 잘못된 연합으로 인해서 더 큰 실패와 낭패를 당하게 됩니다. 엡6:11-13, 전4:12, 고후6:14-16

4. 지상 교회와 천상 교회

　교회는 지상 교회와 천상 교회가 있습니다. 지상 교회는 이 땅에 있는 교회를 말합니다. 이 땅에 있는 지상 교회는 여러 가지 한계가 있습니다. 교회 안에 쭉정이도 있고, 원수가 심어 놓은 가라지도 있습니다. 원수 마귀의 끊임없는 공격과 세상의 유혹도 있습니다. 연약함도 있고, 실패도 있습니다. 때문에 끊임없는 싸움과 핍박과 눈물과 버거움과 때로는 고독과 외로움도 있습니다. 이것이 지상 교회입니다. 그러나 하늘나라에 있는 천상 교회는 그렇지 않습니다. 더 이상 눈물과 고통과 연약함과 마귀의 공격과 세상의 유혹이 없는 교회입니다. 더 이상의 환난과 핍박도 없는 교회입니다. 완전한 하나님의 사랑과 은혜만이 가득한 교회입니다. 영원토록 그것들을 누리는 교회입니다. 교회의 완성은 천상 교회입니다. 그래서 우리는 매일 천상 교회를 사모하며 기다립니다. 오 주여 어서 오시옵소서! 계22:20

교회론 6

교회(敎會)의 속성

교회(敎會)는 몇 가지 특성과 함께 또한 몇 가지 속성을 가지고 있습니다. 이 속성을 바르게 알고 있어야 교회를 바르게 보게 되고, 바른 교회를 세우는데 함께 할 수 있게 됩니다. 교회에 바르게 헌신하고 봉사할 수 있습니다.

1. 통일성

교회는 통일성을 가지고 있습니다. 교회(敎會)는 전 시대와 장소적으로 예수 그리스도를 머리로 하는 통일성을 가지고 있습니다. 태초부터 2000년 전이나, 100년 전이나, 지금 현재나, 앞으로 영원토록, 전(全) 시대적(時代的)으로 교회는 그리스도 예수 안에서 하나입니다. 또한 전(全) 장소(場所)적으로 통일성을 갖습니다. 한국이나, 미국이나, 아프리카, 유럽, 어디를 막론하고 교회는 예수 그리스도를 머리로 하나되는 통일성을 가지고 있습니다. 성령께서 하나로 묶습니다. 전(全) 시대(時代)와 장소(場所)의 모든 교회는 오직 예수 그리스도를 머리로 하여 하나

로 통일 되어 있습니다. 갈3:27-29

2. 거룩성

　교회는 거룩성을 가지고 있습니다. 교회는 비록 세상에 존재하지만, 세상과 구별된 거룩성을 가집니다. 하나님이 거룩하시니, 그의 백성인 교회도 거룩해야 합니다. 교회는 예수 그리스도의 몸으로서 그리스도와 연합된 거룩함을 가집니다. 교회에서 선포되는 하나님 말씀이 거룩하고, 그 말씀에 순종하는 성도의 삶과 그 사명이 거룩하고, 예배와 성찬이 거룩합니다. 때문에 세상에 드러내는 교회의 모습과 그 결과와 열매도 거룩해야 합니다. 벧전1:16

3. 보편성

　교회는 보편성을 가지고 있습니다. 교회(敎會)는 모든 세대와 장소에서 하나님의 부르심에 차별이 없는 보편성을 갖습니다. 지역과 인종의 차별이 없고, 빈부 귀천의 차별이 없으며, 남녀노소의 차별도 없습니다. 누구든지 예수 믿으면 구원을 얻게 됩니다. 교회에 들어오면 어느 누구나 차별이 없어야 합니다. 요3:16

4. 사도성

　교회는 사도성을 가지고 있습니다. 사도성이란 사도들의 후예란 말이며, 보냄을 받았다는 말입니다. 우리 주 예수께서 사도들에게 "너희가 온 천하 만민에게 가서 복음을 전파하라"고 하시고, 또 "모든 족속을 제자로 삼으라"고 명령하시면서 교회를 세상으로 보내셨습니다. 사도들은 이 주님의 명령을 가지고 파송을 받아 예루살렘에서 출발했고, 땅 끝을 향해 가면서 주님의 복음을 전파했습니다. 그리고 제자를 삼았습니다. 그리고 그 뒤를 이은 속사도들과 제자들이 여전히 그 명령을 이어 갔고, 지금까지 이어 왔습니다. 교회는 그 사도들의 터 위에 세워져 있습니다. 그 사도성을 물려받았습니다. 때문에 교회는 이 사도들의 신앙을 이어받아야 합니다. 이 사도들과 같이 예수 그리스도가 다시 오실 그 날까지, 복음을 전파하기 위해 세상으로 가야 합니다. 온 천하 만민에게 가야하며, 땅 끝까지 복음을 전파하며 가야 합니다. 교회는 보냄 받은 기관이며, 마지막까지 보냄 받음을 성취해야 할 기관이 교회입니다. 엡2:20

교회론 7

교회(敎會)의 표지

또한 올바른 교회는 교회로써 몇 가지 표지를 갖습니다. 우리는 이 표지를 보면서 그 교회가 올바른 교회인지, 올바른 교회가 아닌지를 판단할 수 있습니다.

1. 참된 말씀의 전파

참된 교회(敎會)는 참된 말씀을 전파합니다. 교회의 머리 되신 예수 그리스도의 명령대로 참된 말씀만 전파합니다. 참된 말씀의 전파라 하는 것은, 오직 성경만 전파하는 것을 말함입니다. 하나님이 주신 유일한 계시인 성경만을 온 천하 만민에 전파함입니다. 때를 얻든지 못 얻든지 오직 성경을 전파함입니다. 성경에 말씀하신대로 더하지도 빼지도 않습니다. 사람들의 입맛에 맞추지 않습니다. 세상의 유행과 요구에 맞추어 따라가지 않습니다. 모든 시대와 장소에 동일하게 성경 그대로 하나님의 참된 말씀만을 전파합니다. 타협하거나 협상하지 않습니다. 참된 교회는 오직 말씀에 매여 있습니다. 그러나 그릇된 교회는 성경에 매이지 않습니다. 세상과 시류를 따라갑니다. 시대에 따라서 옷은 바꿔 입을 수 있지 않느냐고 합니다. 그러나 옷을 바꿔 입으면, 사람도 바뀌는 경우가 허다합니다. 조심해야 합니다. 계22:18-19

2. 신실한 성례의 집행

참된 교회는 신실한 성례를 집행합니다. 성례를 집행함에 있어서 신실합니다. 먼저 성례를 더하고 빼지 않습니다. 성례는 우리 주님 예수께서 성경을 통해서 가르쳐 주신 세례와 성찬 두 가지만 시행합니다. 여기서 더하거나 빼는 것은 이단입니다. 또한 세례를 줄 때는 신실하게 성도의 신앙을 분명하게 확인하고 시행합니다. 아무에게나 쉽게 주지 않습니다. 잘못하면 무분별한 성례를 통해서 가짜 신자들을 양산할 수 있습니다. 또한 성례를 주기적으로 시행하여 주님의 말씀에 순종합니다. 행2:38, 고전11:23-26

3. 정당한 권징의 집행

참된 교회(敎會)는 정당하게 권징을 집행합니다. 교회의 진리를 훼손할 때 교회는 정당하게 권징해서 진리를 지켜야 합니다. 교회의 질서를 어지럽힐 때, 교회는 성경적 원리에 따라서 정당하게 권징하여 교회의 거룩성과 질서, 하나님의 명예와 영광을 지켜야 합니다. 올바른 권징이 사라지면 교회는 부패하고 하나님의 영광을 가리게 됩니다. 교회는 병들고, 죽고, 문을 닫게 됩니다. 마18:15-18

4. 순종

　참된 교회는 교회의 주인 되신 주님의 지상명령(至上命令)에 순종합니다. 가서 복음은 전파하고, 세례를 주고, 내 제자 삼으라고 하신 주님의 지상명령에 순종합니다. 제자를 삼아서, 주님을 위해 살고 주님을 위해 죽는 참된 주님의 제자를 배출하는 일을 중단하지 않습니다. 열매로 그를 알 수 있다고 하셨는데, 교회의 중요한 열매는 주님의 제자가 배출되는 것입니다. 지속적으로 주님의 진정한 제자가 배출 되지 않는다면 그 교회는 심각한 문제가 있다는 뜻입니다. 그것으로 참 교회의 여부를 판단할 수 있습니다. 마28:18-20, 롬14:7-9, 갈3:3

교회론 8

교회(敎會)의 본질

본질은 핵심(核心)입니다. 본질이 다르면 다른 것이 되는 것입니다. 또한 본질이 없다면 아무 것도 될 수 없습니다. 그럼 교회의 본질은 무엇입니까? 교회의 본질을 알고 확인해야 합니다.

1. 구원

교회의 첫 번째 본질은 구원입니다. 교회는 구원의 방주입니다. 교회는 구원하는 신적 기관입니다. 하나님께서는 구원을 위해 자기 독생자 아들을 이 세상에 내어 보내셨고, 아들 하나님 예수님은 구원을 위해 이 세상에 오셔서 그의 백성들의 죄를 대신 지시고 십자가에서 죽으시고 부활하셨고, 성령 하나님은 구원을 위해서 그의 백성을 찾아가시고 거듭나게 하시고 회심하게 하십니다. 교회는 하나님께서 구원을 위해서 이 세상에 세우신 하나님의 소중한 하늘의 기관입니다. 때문에 교회의 중요한 본질은 구원입니다. 교회에서 구원이 이루어져야 합니다. 구원이 없다면 그것은 교회가 아닙니다. 그저 종교 단체에 불

과합니다. 교회는 구원 받은 사람들의 공동체입니다. 요3:16, 마16:18-19

2. 예배

두 번째 본질은 예배입니다. 교회는 예배를 위해 구원 받은 하나님 자녀들의 공동체입니다. 하나님께서 애초에 사람을 창조하신 목적도 하나님을 예배하기 위함이었고, 수많은 죄인 중에서 자기 백성을 택하신 목적도 하나님을 예배하기 위함이며, 그들을 구원하신 이유도 하나님을 경배하기 위함입니다. 우리를 부르신 이유가 예배하기 위함입니다. 하나님은 예나 지금이나 앞으로도 영원토록 예배하는 자를 찾으십니다. 그것을 위해서 하나님은 교회를 세우신 것입니다. 교회의 변함없는 중요한 본질은 하나님을 예배하는 것입니다. 교회는 어떠한 경우에도 하나님께 신령과 진정의 예배를 중단할 수 없습니다. 믿음의 선조들은 순교로 이 예배를 지켜왔습니다. 요4:23

3. 사명

교회의 또 다른 본질 중 하나는 사명입니다. 교회는 주님께 사명을 받은 사명 공동체입니다. 하나님께서는 자신의 백성들을 교회로 불러 구원하시고, 그들로 예배와 경배를 받으시고, 가르쳐 무장시켜 제자를 삼는 사명을 주셨습니다. 또 말씀과 신앙으로 무장시키시고, 사명을 주셔서 다시 세상으로 보내십니다. 세상으로 가서 빛과 소금이 되고, 구원의 복음을 전파하고, 제자를 삼고, 하나님의 나라를 확장시키고, 하나님의 영광을 드러내고, 땅 끝까지 복음을 전파하여, 주님 예수 그리스도의 다시 오실 재림을 준비해야 하는 사명을 완수하면서 세상에 있도록 하셨습니다. 이 사명은 교회의 중요한 본질입니다. 이 사명을 이루고 있지 않고 다른 일만 하고 있다면 이미 교회가 아닙니다. 행20:24

4. 조화

교회(敎會)는 이 본질들을 조화롭게 가지고 유지해야 합니다. 구원만 가지고 누리고 이야기하는 것도 교회가 아니며, 그저 모여서 예배만 드리고 있는 것도 교회가 아닙니다. 그저 사명만 가지고 열심히 일만 하는 것도 참된 교회의 모습은 아닙니다. 교회는 주신 구원을 마음껏 향유하며 누려야 합니다. 또한 함께 모여서 그 구원에 감격하고 감사하면서 마음을 다하고, 성품을 다하고, 뜻을 다하고, 목숨을 다하여 하나님을 사랑하며 경배하고, 신령과 진정의 예배를 드려야 합니다. 또한 주신 사명을 죽도록 충성으로 감당하며 성취하여 온 천하 만민에게 복음을 전파하고 주님 오실 길을 예비해야 합니다. 이 조화가 하나님이 기뻐하시는 아름다운 교회의 모습입니다. 롬12:1-2

교회론 9

교회(敎會)의 오해

교회에 대한 몇 가지 오해가 있습니다. 교회를 바르게 이해하지 못하면 주님이 세우지 않은 전혀 엉뚱한 교회가 세워지게 되고, 엉뚱한 신앙이 나타나게 됩니다. 큰 불행이 시작되고, 그 불행을 겪게 됩니다.

1. 순수성의 지나친 강조

교회는 우리 주님 예수 그리스도의 몸으로서 거룩해야 합니다. 순수해야 합니다. 비록 세상에 존재하지만 세상과 구별된 거룩함과 순수함을 소유하고 지키고 있어야 합니다. 그러나 동시에 세상의 소금이고 빛이 되어야 합니다. 세상에 생명의 복음을 전해야 합니다. 그러나 교회가 순수성만 지나치게 강조한 나머지 때로는 수도원이 되었고, 세상에 냉소적이고, 이기적인 교회로 변질되어 버렸습니다. 틀렸습니다. 교회에 대한 오해입니다. 교회는 세상 속에서 순수한 빛과 소금이 되어야합니다. 마5:13-16

2. 교리의 지나친 강조

교리는 신앙의 뼈대와 기초로써 매우 중요합니다. 우리는 지금 교리를 배우고 있습니다. 교회는 교리를 제대로 가르치고 배우고 알아야 신앙이 제대로 서고, 견고하게 무장되어 이단과 사이비에 넘어가지 않을 수 있고, 세상에서 이길 수 있습니다. 그러나 교리만 지나치게 강조하다 보면 율법주의와 형식주의에 빠지게 됩니다. 바리새인처럼 되어 형제의 티를 보면서 자신의 들보를 보지 못하는 교회가 되게 됩니다. 그저 정죄, 멸시, 미움에 빠진 교회가 됩니다. 그저 차갑고, 냉랭하고, 뼈만 남은 미이라 같은 사랑이 없는 교회가 됩니다. 이것도 틀렸습니다. 오해입니다. 마7:2-5

3. 조직의 지나친 강조

교회(敎會)는 주님이 제정하신 직분이 있고 조직이 있습니다. 목사가 있고, 장로가 있고, 집사가 있고, 그 직분에 의한 조직이 분명히 존재합니다. 그러나 그 조직은 사명을 위한 조직이며, 충성과 헌신을 위한 조직이며, 유기체적인 교회를 위한 조직이며, 하나님의 사랑을 드러내며, 하나님을 효과적으로 예배하고 경배하기 위한 것입니다. 장차 주님이 오실 길을 예비하기 위한 조직입니다. 그런데 이런 것을 배제한 채, 그저 조직만 지나치게 강조하면 특권 의식과 권위주의에 빠지게 되고, 교회는 경직되어 변질되고 생명력을 상실하여 결국 죽게 됩니다. 이것도 틀렸습니다. 오해입니다. 고전12:29-13:3

4. 현세 축복의 지나친 강조

분명 하나님께서 주시는 현세의 축복이 있습니다. 성경과 역사 속에는 하나님의 축복을 받은 거부들이 많습니다. 하나님은 현세적 축복을 주시는 것도 기뻐하셨습니다. 그러나 기억할 것은, 현세 축복은 내세를 위한 것이며, 사명을 위해 하나님께서 맡기신 것입니다. 그것을 사랑하라고 주신 것이 아니라, 사용하라고 주신 것입니다. 때문에 교회가 현세 축복을 지나치게 강조하다 보면, 하나님보다 물질을 더 사랑하는 기복주의 신앙에 빠지게 되어, 교회와 성도들은 이기적이고 세속적인 교회와 신자가 되게 됩니다. 하늘의 영원한 상급과 소망은 사라지고, 오직 세상의 썩어 없어질 소망을 위해서 살게 되어, 불신자와 다를 바 없게 됩니다. 천국 백성으로서의 교회는 죽게 됩니다. 이것도 틀렸습니다. 오해입니다. 고전10:31

5. 목회자의 지나친 강조

목회자는 하나님께서 세우신 교회의 중요한 중심 직분자입니다. 교회의 모든 사역은 목회자 중심으로 되는 것은 분명히 성경적입니다. 목회자 중심은 신앙의 중요한 원리 중에 하나입니다. 그러나 목회자 중심이 목회자만 모든 것을 한다는 것이 아닙니다. 주님은 제자를 삼으라 하셨고, 제자를 삼아 함께 교회를 세우고 사명을 함께 완수하게 하셨습니다. 목회자는 성도들 세우고, 성도는 목회자와 함께 교회를 세우도록 하셨습니다. 목회자 혼자 교회를 세울 수 없습니다. 성도들도 함께 일하는 사역자들인 것입니다. 제왕 같은 목회자는 성경적이 아닙니다. 목회자 만능주의도 오해입니다. 틀렸습니다. 엡4:11-12

교회론 10

교회(敎會)의 활동

교회는 살아 계신 예수 그리스도의 몸입니다. 살아 있는 생명체이며 움직이는 유기체입니다. 그렇기에 교회는 활동합니다. 활동이 없는 교회는 죽은 교회입니다. 교회는 움직이는 공동체입니다. 교회는 행전(行傳)이 있습니다.

1. 다양한 기대들

처음 교회에 나오는 사람들은 다양한 기대를 가지고 옵니다. 그리고 교회에 와서는 각자의 기대를 요구합니다. 자신들이 원하는 것을 관철시키려 합니다. 동병상련을 원하기도 하고, 병 치료, 축복을 받기 위해서 온 사람도 있습니다. 청년들은 결혼을 기대하면서 온 사람도 있고, 인생의 오아시스를 찾아 온 사람도 있습니다. 종교로서 기독교를 선택한 사람도 있고, 성경을 좀 더 배우기 위해서 온 사람들도 있고, 친구를 사귀기 위해서, 외로움을 이기기 위해서 온 사람도 있습니다. 참 다양합니다. 각자 자기의 이익을 위해서 옵니다. 겔33:31

2. 벗어날 수 없는 핵심

그러나 교회는 교회입니다. 교회는 주인이 계시고, 설립된 목적이 있습니다. 때문에 아무리 다양한 요구들과 기대들이 있다고 해도 교회로서의 핵심, 본질을 벗어날 수 없습니다. 교회는 그 본질과 핵심을 포기해서도 안 됩니다. 때문에 때로는 사람들의 기대와 교회의 본질이 부딪히고 충돌하기도 합니다. 자기의 기대와 맞지 않는다고 하여 교회를 떠나는 사람들도 나오게 됩니다. 그러나 교회는 그 본질과 핵심이 틀리면 이미 교회가 아닌 것이 됩니다. 때문에 교회는 그 본질과 핵심을 포기할 수 없습니다. 사43:7

3. 교회 활동의 핵심

그렇다면 교회 활동의 핵심과 본질은 무엇입니까? 그 어떤 것과도 바꿀 수 없고, 양보할 수 없는 그 활동의 핵심은 무엇입니까? 교회는 어떤 활동을 해야 합니까?

첫째 예배입니다. 하나님을 기쁘시게 하고 영광과 예배를 돌리는 것입니다. 교회는 하나님께 돌리는 영광과 예배를 목적으로 부름 받은 사람들의 공동체입니다. 교회는 하나님을 예배하고 경배하는 것을 최우선에 두어야 합니다. 요4:23-24

둘째는 양육과 훈련입니다. 철저한 예수의 제자를 만드는 것입니다. 이것은 주님의 지상명령(至上命令)입니다. 끊임없이 주님의 제자가 생산되어야 합니다. 대가 끊어지지 않아야 합니다. 대를 이어 주를 위해 살고, 주를 위해 죽을 자들이 나와야 합니다. 아니 대를 이어 주의 제자들이 30배, 60배, 100배 나와야 합니다. 그것이 교회입니다. 마28:18-20

셋째는 복음 전파입니다. 십자가 구원의 복음을 온 천하 만민에게 전파하는 것입니다. 듣든지 안듣든지 복음을 전파해야 합니다. 듣고 세례를 받는 사람은 구원을 얻을 것이요, 듣지 않는 자는 정죄를 받게 될 것입니다. 교회는 주님 다시 오시는 그 날까지 복음을 전파하고 있어야 합니다. 교회는 이 활동을 멈추지 말아야 합니다. 막16:15-16

넷째는 사랑입니다. 서로 사랑하고 함께 모이는 것입니다. 교회는 사랑의 공동체로 부름을 받은 곳입니다. 하나님은 사랑이십니다. 사랑이 모든 율법과 계명의 핵심입니다. 교회에는 하나님의 십자가의 사랑이 있습니다. 때문에 천사의 말을 할지라도 사랑이 없으면 아무 것도 아니라고 하셨습니다. 고전13:1-3

다섯째는 충성입니다. 주를 위해서 죽도록 충성 헌신 봉사하는 것입니다. 교회는 주님의 몸입니다. 머리이신 주님을 위해서 살고 죽는 기관입니다. 이를 위하여 주님이 십자가에서 교회를 구속하시고 교회를 세우신 것입니다. 교회는 주님을 위해서 죽도록 충성해야 합니다. 롬14:7-9, 계2:10

여섯째는 주님의 다시 오실 재림을 준비하는 것입니다. 우리 주님은 다시 오신다고 말씀하셨습니다. 그 징조도 말씀해 주셨습니다. 심판을 하시기 위해서 다시 오신다고 하셨습니다. 깨어서 준비하라고 하셨습니다. 주님은 반드시 다시 오십니다. 이제 그 다시 오실 날이 점점 더 가까이 다가오고 있습니다. 교회는 이 다시 오실 주님을 맞을 준비를 해야 합니다. 이것은 오직 교회가 할 일이며, 또 교회만 할 수 있습니다. 이것이 없으면 교회라 할 수 없습니다. 이것이 없으면 그저 하나의 인간적 친목 단체이거나, 그저 종교적 열심으로 모이는 종교 단체에 불과할 뿐입니다. 이것이 교회 활동의 핵심입니다. 이것이 교회를 향하신 우리 주님의 목적이며 기대입니다. 교회는 이것을 성취하기 위한 활동을 해야 합니다. 눅12:40-43

교회론 11

교회(教會)와 성도

　교회는 살아 계신 예수 그리스도 몸의 지체인 성도들로 구성됩니다. 하나님께 부름받은 성도들의 모임입니다. 선택 받은 택자들의 공동체입니다. 그래서 성도가 중요합니다. 성도가 어떠냐는 곧 그 교회가 어떠냐를 말하는 것입니다.

1. 성도는 누구인가?
　교회는 성도들의 공동체이기 때문에 그 구성원인 성도가 어떤 사람들인가에 따라서 교회가 달라지게 됩니다. 교회의 지체인 성도들이 무기력하면 교회도 무기력하고, 성도들이 병들어 있으면 교회도 병들어 있게 됩니다. 성도들이 강건하면 교회도 강건하고, 성도들이 용사이면 교회도 마귀와 싸워서 넉넉히 승리할 수 있는 용맹한 교회가 될 수 있습니다. 때문에 성도가 누구인가에 대한 이해는 곧 교회를 결정하는 매우 중요한 것입니다. 마16:15-18, 딤후2:3

2. 잘못된 성도 개념

성도에 대한 잘못된 생각들이 있습니다.

첫째는 단순히 매 주일에 한 번 예배 참석하면 된다는 종교인 개념입니다. 그저 주일 날 와서 예배당에 앉아 있지만, 무력한 상태로 그저 와있는 성도들입니다. 그저 목회자가 먹여주는 성경 말씀 몇 마디 먹고 가서는 또 무기력하게 살다가 오는 성도들입니다. 세상에 나가서 항상 무기력하게 세속에 패배하고 돌아오는 성도들입니다. 세상이 감당하지 못하는 성도가 아니라 세상을 감당하지 못하는 성도들입니다. 그러나 이것은 참 성도의 모습이 아닙니다. 틀렸습니다. 성도는 단순한 종교인이 아닙니다. 성도는 종교인(宗敎人)이 아니라 신앙인(信仰人)입니다. 전혀 다릅니다. 히11:38

둘째 "목회를 위한 도구"라는 개념입니다. 그래서 목회자가 자신의 목회를 위해서 성도들을 마음껏 사용하려 합니다. 이것도 틀렸습니다. 성도는 목회를 위한 도구가 아닙니다. 성도는 소중한 주님의 몸의 지체입니다. 엡5;30

셋째는 "교회의 주인"이라는 개념입니다. 그래서 교회의 모든 것을 성도들에게 맞추어 줍니다. 성도들이 교회의 모든 것을 좌지우지 하려고 합니다. 교회의 모든 면에서 성도들이 주인 노릇을 하려 합니다. 이것도 틀렸습니다. 아닙니다. 성도는 교회의 주인이 아닙니다. 교회의 주인은 오직 우리 주님 예수 그리스도이십니다. 성도는 오직 주님의 지체요, 백성이며, 종일 뿐입니다. 롬1;1

3. 바른 성도 개념

성도는 모두 주님의 제자라는 개념입니다. 부름받음과 거듭난 생명을 분명하게 가지고 회심하고, 훈련되고 무장되어 주님의 제자로 삼아진 사람들을 말합니다. 왜 이 땅에 살아야 하는지 분명하게 알고 그렇게 사는 사람들을 말합니다. 이제는 오직 살아도 주를 위하여 살고, 죽어도 주를 위하여 죽는 주님의 참된 지체들을 말합니다. 세상을 이기고 승리하는 제자들을 말합니다. 세상을 감당하지 못하는 무기력한 사람들이 아니라, 세상이 감당하지 못하는 하나님의 영적 군사들을 말합니다. 주님은 이런 제자를 삼으라고 명령하신 것입니다. 무력한 주일 군중들은 주님이 구원하시고, 원하셨던 참된 성도의 모습이 아닙니다. 주님이 원하신 참된 성도는 세상을 이기는 강력한 그리스도의 군사로서의 제자입니다. 마28:18-20, 히11:38, 딤후2:3

교회론 12

제자

제자란 어떤 사람입니까? 제자는 쭉정이나 가라지가 아닌 알곡 신자입니다. 참 성도를 말합니다. 그럼 참 제자는 어떤 특성을 나타냅니까?

1. 자기 부인

우리 주님 예수께서 말씀하시는 주님의 제자는 자기를 부인하고 자기 십자가를 지고 예수님을 따르는 자입니다. 자기를 거부하고, 자기를 날마다 죽이는 사람입니다. 자기 부인이 없는 사람, 자기 십자가를 지지 않는 사람, 아직 자기가 분명하게 살아 있는 사람은 주님의 제자가 아니라고 분명하게 말씀하십니다. 마16:24, 고전15;31

2. 주님의 영광을 위함

주님의 참 제자는 주님의 영광을 위해 살고, 죽는 사람을 말합니다. 먹든지 마시든지 무엇을 하든지 오직 하나님의 영광을 위해 사는 사람입니다. 이전에 오직 자신의 영광을 위해서 살던 삶을 버리고, 이제 오직 하나님의 영광을 위해 사는 삶으로 바뀐 사람들을 말합니다. 하나님은 이를 위해서 그들을 창조하시고 부르신 것입니다. 본래의 창조 목적과 부르신 목적으로 돌아간 사람을 말하는 것입니다. 고전10:31, 사43:7

3. 선명함

주님의 참 제자는 선명한 사람입니다. 누가 보더라도 예수의 사람으로 선명합니다. 애매모호한 사람은 주님의 참 제자가 아직 아닌 것입니다. 성령으로 거듭나고 회심하면서 성도는 새로운 피조물이 되고, 선명하게 변하게 됩니다. 점점 더 주님의 사람으로 선명해져 가는 사람입니다. 참 주님의 제자는 어떤 상황과 처지에서도 주님의 사람으로서의 모습이 선명합니다. 갈1:20

4. 오직 주를 위해 살고 주를 위해 죽음

참 제자는 인생의 목적이 분명해집니다. 그 목적은 오직 살아도 주를 위해 살고, 죽어도 주를 위해 죽는 것입니다. 먹든지 마시든지 무엇을 하든지 하나님의 영광을 위해 살고 죽는 것입니다. 이제 더 이상 자기를 위해 살고, 자기를 위해 죽지 않습니다. 그들에게는 이제 다른 인생의 목적이 존재하지 않습니다. 본래 창조의 목적으로 돌아가, 그 목적대로 사는 사람을 말합니다. 그것이 참된 주님의 제자입니다. 롬14:7-9

5. 재생산

참 제자는 재생산합니다. 우리 주님은 가서 제자 삼으라고 하셨습니다. 그 열매로 그를 안다고 하셨습니다. 30배, 60배, 100배 열매를 말씀하셨고, 심지어는 작은 자 하나가 천을 이루고, 약한 자 하나가 강국을 이룬다고도 하셨습니다. 열매 없는 나무는 찍어 불에 던지신다고도 하셨습니다. 참 주님의 제자는 자신이 끊임없이 주님을 닮아가고, 또 자신과 똑같은 주님 닮은 제자를 재생산합니다. 열매를 맺습니다. 열매로 자신이 누구인지를 증명합니다. 그가 제자입니다. 마7:16-20

교회론 13

제자도

　제자도는 제자들이 따라 사는 "도(道)"를 말합니다. 성경에는 "제자도"가 소개되고 있습니다. 성경에 기록된 제자들의 삶과 인격, 제자들의 사역의 내용을 통해서 제자도가 무엇인지 알 수 있습니다. 그래서 우리는 제자도를 성경을 통해서 알게 됩니다. 성경을 통해서 보여주신 성도들이 걸어가야 할 제자의 도는 무엇입니까?

1. 배움

　배움입니다. 예수님이 주신 지상명령(至上命令)은 "내가 너희에게 분부한 모든 것을 가르쳐 지키게 하라"였습니다. "배우고 확신한 일에 거하라"고도 하셨습니다. 그러므로 참된 제자도는 배우는 것입니다. 제자의 도는 먼저 배움에서 시작됩니다. 예수님의 제자들은 예수님의 가르침과 말씀을 듣고 배운 사람들입니다. 배움을 거부하는 사람은 참 제자가 될 수 없습니다. 적당히 배우는 자도 참 주님의 제자가 되지 못하고 결국 실패합니다. 참 제자는 올곧고 성실하게 배우는 자입니다.

겸손하게 배우는 자입니다. 딤후3;14

2. 결단과 순종

결단과 순종입니다. 예수님은 "나를 따라 오너라"고 하셨습니다. 그리고 주님을 따르는 사람들을 제자로 거두셨습니다. 아무리 탁월하고 똑똑해도 따르지 않는 사람은 제자로 받지 않으셨습니다. 제자들은 그 주님을 따른 사람들입니다. 제자도는 결단하고 순종하는 것입니다. 주님을 따르는 것입니다. 아무리 듣고 배워도 결단하지 못하고, 따르지 못하면 주님의 제자가 될 수 없습니다. 결단과 순종은 제자도의 핵심입니다. 막10:28

3. 전적의탁

전적의탁입니다. 참 제자도는 주님에게 전적의탁하는 것입니다. 참된 제자들은 자신의 힘과 능력의 부족함을 잘 압니다. 자신의 연약함과 미련함도 잘 압니다. 주님의 도우심 없이는 아무 것도 할 수 없음을 잘 압니다. 자신은 주님의 소유임도 잘 압니다. 그래서 주님께 전적의탁합니다. 그것이 참 제자입니다. 요6:68, 롬14:8

4. 사랑의 섬김

사랑의 섬김입니다. 참 제자도는 사랑으로 섬기는 것입니다. 주님 예수께서 먼저 삶으로, 사랑으로, 십자가로, 섬기는 본을 보여주셨습니다. 그리고 나를 사랑하느냐고 물으셨습니다. 나를 따르라고 하셨습니다. 주님은 사랑이 없으면 아무 것도 아니라고 하십니다. 사랑함이 제자됨의 증거라고 하십니다. 때문에 참 제자는 주님의 본을 따라 사랑으로 섬기는 자가 됩니다. 사랑의 섬김은 제자도에 가장 중요한 모습이기도 합니다. 정말 사랑이 없으면 아무것도 아닙니다. 요13:35, 고전13;1-3

5. 충성과 죽음

충성과 죽음입니다. 참 제자도는 충성과 죽음의 삶입니다. 자신을 구원하시고 부르신 분에 대해 헌신하고, 그 주께서 주신 사명에 대해 목숨을 아끼지 않고 충성하고 죽는 것입니다. 충성된 헌신 없이는 부르심에 응답할 수 없고, 순교의 각오 없이는 사명을 완수할 수 없습니다. 그래서 제자는 사명을 위해 목숨도 아끼지 않는 헌신을 합니다. 이것이 제자도입니다. 행20:24, 계2:10

6. 결실

결실입니다. 참된 제자도는 재생산을 하는 것입니다. 결실을 목적합니다. 결실합니다. 우리 주님께서 마지막 지상명령으로 주신 명령도 가서 제자삼으라는 것이었습니다. 열매 없는 나무는 찍어 불에 던진다고 하셨습니다. 좋은 땅은 30배, 60배, 100배의 열매를 맺는다고 하셨습니다. 또한 작은 자 하나가 천을 이루고, 약한 자 하나가 강국을 이룬다고 하셨습니다. 제자도는 열매를 맺습니다. 이것이 제자도입니다. 딤후2;1-2, 마13:8, 사60:22

교회론 14

제자 훈련

"제자도"에 의해 사는 사람을 제자라 합니다. 성도는 모두 주님의 제자입니다. 제자는 자기를 부인하고 자기 십자가를 지고 복되신 주님을 죽음으로 따르는 사람입니다. 살아도 주를 위해 살고 죽어도 주를 위해 죽는 사람입니다. 그런데 이것은 그냥 되지 않고 훈련을 통해서 됩니다.

1. 지상명령(至上命令)

제자 훈련은 "모든 족속에게 가서 내 제자를 삼으라"는 우리 주님께서 주신 지상명령(至上命令)에서 시작 됩니다. 가장 최상위 명령에서 시작된다는 것입니다. 다른 명령보다 먼저 지켜야 할 명령이라는 뜻입니다. 왜냐하면 이 명령에 순종함이 없이는 다른 어떤 것도 얻을 수 없기 때문입니다. 제자 훈련은 주님의 마지막 유언 명령이기도 합니다.
마28:19-20

2. 태어나는 것이 아니라

제자 훈련은 주님의 교회를 세우시고, 제자를 만드는 중요한 전략이며 방법입니다. 왜냐하면 참 제자는 태어나는 것이 아니라 만들어지는 것이기 때문입니다. "삼음"은 "만드는 것"을 말합니다. 제자는 저절로 되어지는 것이 아니라 삼아지는 것입니다. 제자는 "삼음"을 통해서만 주님의 제자로 비로소 만들어지는 것입니다. 제자가 됨은 선천적인 것이 아니라, 후천적인 것입니다. 그래서 주님은 "제자 삼으라"고 명령하신 것입니다. 제자는 만듦을 통해서 삼아져야 합니다. 딤후3:14, 히5:14

3. 주님의 본

제자 훈련은 우리 주님께서도 제자를 부르시고 제자 삼으시는 본을 친히 보여주신 것입니다. 3년이라는 지상 사역 기간 동안 제자를 삼는 본을 보여주셨습니다. 우리가 제자 삼는 사역을 감당하면서 실망하지 않도록, 그 가운데 하나 가룟유다는 실패한 경우로 보여주시기도 하셨습니다. 우리는 주님의 본을 따라 제자를 삼고, 또 삼아져야 합니다. 주님의 본을 따라야 합니다. 요13:15

4. 성령의 역사

제자 훈련은 성령께서 함께 하시는 역사입니다. 제자를 삼으면 성령께서 역사하십니다. 주님의 지상명령에 순종하면 성령께서 역사하셔서 제자 삼아지는 역사가 실제로 일어납니다. 그래서 제자 삼음의 사역에는 성령의 역사하심 속에서 반드시 변화의 역사가 일어납니다. 진정한

새로운 피조물이 되고, 주를 위해 살고 죽을 참된 제자가 만들어져 나옵니다. 몬1;10

5. 함께 하심

제자 훈련에는 주님의 함께 하심이 있습니다. 주님의 동행하심과 보호하심이 있습니다. 돌보심과 길을 여심도 있습니다. 세심하게 간섭하시고 위로하심도 있습니다. 한 사람, 한 사람을 제자로 삼아지게 하시는 도우심도 있습니다. 이것은 주님께서 약속하신 것입니다. 내가 세상 끝날까지 항상 제자 삼는 너와 함께 하시겠다고 언약하신 것입니다. 때문에 제자 삼는 사역을 하는 한 언제 어디서든지 항상 주님의 임마누엘의 함께 하심을 경험할 수 있습니다. 마28:20

6. 제자 훈련의 도구

제자 훈련에는 도구가 필요합니다. 우리 주님께서 제자 삼으라 하시고 제자 삼기 위한 도구도 주셨습니다. 첫째는 하나님의 말씀인 성경입니다. 둘째는 제자 삼는 제자입니다. 셋째는 교회 소그룹입니다. 넷째는 훈련의 현장인 세상입니다. 다섯째는 우리를 단련하는 고난입니다. 여섯째는 보혜사 성령님입니다. 이런 것들을 통해서 한 성도가 거듭난 이후에 훈련되고 무장된 주님의 제자가 되고 주를 위해 살고 죽게 되는 멋진 주님의 제자가 되는 것입니다. 제자 훈련에는 이 주님이 주신 도구들이 사용되어야 합니다. 이 도구들을 피하지 말아야 합니다. 엡4;11-12

제자 삼음은 선택이 아닙니다. 필수입니다. 주님의 지상명령입니다.

교회론 15

교회의 정치

우리 주 예수께서는 주님의 교회를 세우시고, 그 교회에 직분을 제정하시고, 조직하셔서, 교회를 다스리시고, 이끄십니다. 그것을 교회의 정치 제도라고 합니다. 장로회, 감리회 등 다양한 정치 제도들이 있지만, 기본은 똑같습니다.

1. 교회의 머리

교회의 머리는 오직 우리 주 예수 그리스도이십니다. 주 예수께서 유일한 교회의 머리시며, 주인이시고, 모든 권위의 근원이십니다. 교회를 통치하시는 왕과 주인으로서, 교회를 설립하시고, 여러 직분의 직원을 세우시며, 권위로 옷 입히셔서 다스리십니다. 때문에 교회의 머리는 오직 예수님이심을 잊지 말아야합니다. 때문에 어떤 총회나 노회나 당회나 제직회나 공동의회도 교회의 머리가 될 수 없습니다. 오직 주님만이 머리이십니다. 모든 공회나 지교회의 머리는 오직 주 예수 그리스도가 되셔야 합니다. 오늘날 총회나 노회나 당회나 제직회나 공동의회가 교회의 머리가 되려는 경향들이 있는데, 그것은 아닙니다. 틀렸습니다. 교회의 머리는 영원토록 예수 그리스도이십니다. 골1:18

2. 교회의 권세 사용

교회의 권세는 오직 머리이시며 왕이신 예수께 있습니다. 그것은 어제나 오늘이나 영원토록 동일합니다. 아무리 시대가 변하고 바뀌어도 변하지 않습니다. 그 예수께서는 교회와 그 세우신 교회의 직원들에게 권세를 위임하시고 다스리게 하십니다. 그러나 그 권세의 근원은 오직 주 예수께 있습니다. 때문에 교회의 모든 권세는 오직 주를 위해서만 사용해야 합니다. 개인을 위해서나 다른 목적을 위해서 사용되어서는 안 됩니다. 롬14:7-9, 갈1:10

3. 교회의 통치 수단

교회의 통치 수단은 오직 성경입니다. 교회의 머리이신 우리 주 예수께서도 오직 하나님의 말씀인 성경을 수단으로 하여 교회를 통치하십니다. 때문에 교회의 모든 판단 기준은 하나님의 말씀, 곧 성경이어야 합니다. 어느 공회든, 교회든, 교회의 어느 누구든 하나님의 말씀의 판단을 받아 순종해야 합니다. 하나님의 말씀의 판단에 비추어 그른 것이면 그른 것이고, 옳은 것이면 옳은 것입니다. 이것은 선택이 아닙니다. 오직 성경에 의한 그 통치에 따름입니다. 때문에 교회의 모든 정치 조직이나, 직분이나, 권세는 오직 하나님의 말씀인 성경 안에서만 이루어 져야 합니다. 행20:32, 계22:18-19

4. 교회의 일꾼

　교회의 머리이시며 왕이신 예수께서는 당신의 일꾼을 세우셔서 교회를 다스리십니다. 선지자, 제사장, 사도, 목사, 장로, 집사 등, 성경에 나오는 다양한 직분자들을 세우시고, 그들에게 권위로 옷 입히셔서 교회를 세우게 하시고, 교회를 온전케 하시고, 성도들을 온전하게 하도록 하셨습니다. 때문에 교회의 일꾼인 모든 직분자들은 주인이 아니라 주님의 종(從)일 뿐이며, 주님의 일꾼일 뿐입니다. 때문에 모든 헌신과 충성은 오직 주님의 몸 된 교회를 세우려 함이어야만 합니다. 이 사실을 잠시도 잊어서는 안 됩니다. 엡4;11-12

5. 성령의 역사

　우리 주 예수께서는 또한 보혜사 성령을 보내셔서 교회와 그 세우신 직분자들과 성도들에게 역사하게 하셔서 교회를 다스리십니다. 그러므로 교회의 정치는 성령의 통치를 벗어나서는 안 됩니다. 오직 성령의 충만함을 받고, 성령의 다스리심을 받음으로 말씀에서 탈선하지 않도록 해야 합니다. 만일 성령의 역사와 다스림이 없다면, 교회는 그저 인간들의 탐욕을 채우는 "강도의 굴혈"이 될 것입니다. 주님의 몸 된 교회가 되지 못한 채, 그저 인간들의 모이는 인간 집단이 될 것이며, 그저 종교적으로 모이는 종교 집단으로 전락하게 될 것입니다. 그러므로 교회의 지도자들과 모든 성도들은 항상 무릎으로 성령을 구해야 합니다. 오직 성령을 좇아 교회를 세워가야 합니다. 갈5:16, 눅19:46

교회론 16

교회의 권세

교회는 교회의 머리이시고 주인이신 주 예수께서 주신 권세가 있습니다. 그 권세를 잘 사용하여 주께서 원하시는 교회를 잘 세우고, 그 교회를 지켜야 합니다. 그리고 그 권세는 성경대로 사용되어야 하고, 그 권세가 정당하게 사용될 때에 성도들은 그 권세에 겸손하게 순종해서, 귀하고 영광스러운 주님의 교회를 세우는데 함께 해야 합니다. 그러면 그 권세는 어떤 것입니까?

1. 교훈권

교회는 주님이 주신 교훈권을 가지고 성도를 온전케 해야 합니다. 교회가 하나님의 말씀을 가지고 교훈, 책망, 바르게 하고, 의로 교육하여 성도들을 하나님의 기뻐하시고 온전한 사람으로 만드는 것을 말합니다. 성도가 거듭났다 할지라도 많은 면에서 새로 만들어져야 하기에 이것이 절대적으로 필요합니다. 성도는 끊임없이 성화(聖化)되어야 합니다. 제자로 삼아져야 합니다. 그래서 교훈권이 필요합니다. 때문에 교회는 이 교훈권을 가지고 성도들을 잘 다듬고, 제자 삼고, 성화시키는 것입니다. 성도는 이 교훈을 잘 받아 순종해서 더 제자답게 되고, 더 성도답게 되어야 합니다. 딤후3:16-17

2. 순결 유지권

교회는 주님이 주신 순결 유지권을 가지고 교회의 순결을 지켜야 합니다. 교회는 그리스도의 신부로서 거룩한 정절을 지켜야 합니다. 비록 세상에 있지만 하나님이 주신 말씀으로 거룩한 신앙의 순결을 지켜야 합니다. 때문에 이단이나 사이비가 교회에 들어오지 못하도록 해야 하고, 가라지가 교회를 무너뜨리지 못하도록 정당한 치리를 해야 합니다. 그렇게 교회를 지켜야 합니다. 이것이 순결 유지권입니다. 마 18:15-17

3. 봉사권

교회는 주께서 주신 권위로 봉사를 명령하여 봉사를 하게 해야 합니다. 성도는 이 명령에 순종하여 봉사를 하여 주님의 몸 된 교회를 세워야 합니다. 교회는 이 성도들의 봉사와 헌신과 충성을 통해서 주님의 몸 된 교회로 세워지게 되는 것입니다. 모든 성도들은 이 봉사의 명령에 순종하여 주님의 몸 된 교회의 지체로서 교회를 세우는데 함께 힘써 동역해야 합니다. 그런데 주의 할 것은, 교회가 이 봉사권을 가지고 봉사를 명할 때, 먼저 성도를 온전하게 하여 봉사를 명하도록 하고 있습니다. 아무에게나 봉사를 하게 해서는 안 됨을 말합니다. 무자격자나 미성숙한 자에게 교회의 봉사를 하게 해서는 안 된다는 것입니다. 그렇게 되면 오히려 교회는 무너지게 됩니다. 때문에 반드시 먼저 성도들 온전하게 만든 후에 봉사를 하게 해야 합니다. 엡4:11-12

4. 질서 유지권

교회는 주님이 질서 유지권을 가지고 교회의 성경적 질서을 지켜야 합니다. 교회에는 주님이 세우신 질서가 있습니다. 이 질서가 무너질 때 교회는 무너지게 됩니다. 그래서 마귀는 이 질서를 어지럽히고 무너뜨리려 합니다. 말세의 징조 중에 하나가, 멸망의 가증한 것들이 거룩한 곳에 서는 것입니다. 즉 교회의 질서가 무너지는 것을 말합니다. 이렇게 될 때 교회는 무너지게 됩니다. 이런 경우에 교회는 치리를 통해서 교회의 성경적인 질서를 지켜야 하고, 교회를 보호해야 합니다. 정당한 치리가 사라지면 교회의 질서는 무너지고, 교회는 부패하고 무너지게 됩니다. 고전14;40

교회론 17

교회의 권세 사용

권세의 시작은 하나님이십니다. 스스로 자존(自存)하시고, 온 우주 만물을 창조하시고, 지금도 그 섭리대로 다스리시고 통치하시는 하나님이 권세의 시작이며 중심이십니다. 이 세상의 모든 권세는 하나님이 주신 권세입니다. 하나님 앞에서는 그 어떤 절대 권세도 없습니다. 그래서 모든 권세는 하나님 앞에 복종해야 합니다.

1. 교회의 권세

교회의 권세는 하나님이 주신 권세입니다. 하나님께서 그 독생자 예수 그리스도께 주신 권세입니다. 예수 그리스도는 교회의 머리이시며 주인으로서 교회를 세우시고, 그 교회에 그 권세를 주셨습니다. 때문에 교회의 권세는 주님의 권세입니다. 주님을 위한 권세여야 합니다.

마28:18

2. 영적 권세

교회의 권세는 영적 권세입니다. 영적 권세는, 하늘의 권세라는 의미이며, 성령에 의해서 다스려지는 권세라는 뜻이고, 영혼적이고 영생적 권세이며, 하나님의 자녀라는 권세입니다. 동시에 세속적, 폭력적, 물질적 권세가 아님을 의미합니다. 때문에 교회의 권세를 세속적, 폭력적, 물질적으로 사용해서는 안 됩니다. 요1:12

3. 가장 상위 권세

이 교회의 권세는 하나님께서 친히 다스리시는 권세이기에 가장 상위 권세입니다. 예수께서는 "음부의 권세도 이기지 못하리라"고 하셨습니다. 마귀도, 세상의 어떤 권세도 교회의 권세를 이기지 못합니다. 때문에 교회는 어떤 권세 앞에서도 무릎을 꿇을 수 없습니다. 마16:18, 갈1:10

4. 세우신 사자들 중심

교회의 권세는 교회의 주인이신 예수께서 이 권세를 당신이 세우신 교회의 사자들을 중심으로 주신 권세입니다. 사도, 선지자, 목사라고 하십니다. 이들을 중심으로 예수께서 주신 권세가 발휘된다는 것입니다. 그래서 교회의 권세를 발휘하는 이들이 바르게 서 있어야 함이 중요합니다. 때문에 교회의 사자들이 세워질 때는, 분명한 부르심의 소명이 확실한 사람들이 세워져야 합니다. 만일 잘못 세워지면 이 권세가 오용되거나 남용되어 교회는 타락하게 됩니다. 마23:15

5. 표준에 철저해야

교회의 권세는 발휘됨에 있어서 그 표준에 철저하게 통제되어야 합니다. 임의대로 사용되어서는 안 됩니다. 그 표준은 오직 성경입니다. 유일한 하나님의 말씀이며, 하나님의 뜻입니다. 때문에 교회와 목사, 모든 성도는 철저히 성경의 통제 속에서 이 권세가 발휘 되도록 자신을 쳐서 성경에 복종해야 합니다. 그렇지 않으면 교회는 타락하게 되고, 본연의 모습을 잃게 되고, 주님께 버림을 당하게 됩니다. 마7:21-23

교회론 18

은혜의 수단

우리 주 예수께서 자신의 몸 된 교회를 세우시고, 피로 사신 자신의 백성들을 모으셨습니다. 그리고 그 교회에 은혜와 사랑을 주십니다. 우리 주께서 주시는 은혜와 사랑의 여러 가지 방편이 있습니다.

1. 성경

주께서 교회에 주시는 은혜와 사랑의 방편, 그 수단으로써의 가장 대표적이고 첫째 되는 것은 유일한 특별계시인 성경, 즉 하나님의 말씀입니다. 교회는 하나님의 말씀을 받으며 은혜를 누리고, 하나님의 말씀을 순종하면서 더 큰 하나님의 은혜와 사랑을 경험하게 됩니다. 때문에 교회는 항상 하나님의 말씀인 성경을 가르치고 전하는 일을 최선에 두었습니다. 이 하나님의 말씀인 성경이 우리의 전 신앙과 인생을 복되게 하는 것입니다. 시1:1-3

2. 성례

주께서 교회에 주시는 은혜와 사랑의 수단으로써 주님이 제정하여 주신 세례와 성찬, 즉 성례가 있습니다. 교회는 이 세례와 성찬을 통해서 하나님의 은혜와 사랑을 더 깊게 경험하고 누리게 됩니다. 때문에 교회는 성례를 정당하게 시행해야 하고, 성례를 시행함에 있어서는 신실하게 시행해야 하며, 그리고 정기적으로 시행하여 기념해야 합니다. 그렇게 할 때 깊은 하나님의 은혜와 사랑을 누리게 됩니다. 한 가지 기억할 것은, 우리 주님께서 제정해 주신 성례는 이 세례와 성찬, 두 가지 밖에 없다는 것입니다. 여기에 더하거나 빼면 이단입니다. 고전11:26

3. 예배

교회가 누리는 은혜의 방편으로 예배를 빼놓을 수 없습니다. 거듭나고 회심하게 되면 처음 부르심을 받는 자리가 예배의 자리입니다. 그리고 평생 하나님의 자녀로, 신자로 살면서 예배를 통해서 누리는 하나님의 은혜와 사랑은 말로 다 할 수 없습니다. 하나님은 지금도 신령과 진정의 예배자를 찾고 계시고, 그 예배자에게 한량없는 은혜와 사랑을 풍성하게 베풀어 주십니다. 그래서 교회사 속에서 우리 믿음의 선조들에게 온전한 주일 성수와 주일 예배 등의 공 예배는 목숨보다 더 소중히 여겼습니다. 이 예배를 목숨으로 지켰습니다. 요4:23-24

4. 기도와 찬양

기도와 찬양도 빼 놓을 수 없는 은혜의 중요한 수단입니다. 바울과 실라가 감옥에 갇혔을 때 기도와 찬양을 통해서 하나님의 은혜와 사랑을 풍성히 경험했고 승리할 수 있었으며, 성경과 역사 속에서도 수많은 기도와 찬양들이 기록되어 있습니다. 역사 속의 수많은 성도들의 간증과 고백 속에서도 수없이 발견할 수 있습니다. 기도와 찬양은 하나님의 은혜와 사랑의 문을 열고, 그 풍성한 하나님의 사랑과 은혜를 받아 누리게 합니다. 행16:25

5. 모임

성도들의 하나됨의 모임은 하나님의 은혜와 사랑을 누리게 하는 중요한 방편입니다. 성령님은 하나되게 하십니다. 교회는 하나로 모이는 공동체로 세우신 곳입니다. 그래서 성령의 하나 되게 하신 것을 힘써 지키라고 하셨습니다. 마귀는 하나 되지 못하게 하려고 항상 공격해 왔습니다. 마지막 때가 될수록 모이기를 폐하는 자들의 습관을 따르지 말라고도 하셨습니다. 하나님의 은혜와 사랑은 함께 모일 때 경험하고 누리게 됩니다. 성도의 모임은 중요한 은혜의 수단입니다. 히10:25

6. 모든 삶의 현장

우리의 모든 삶의 현장이 은혜의 수단이 됩니다. 우리의 잘됨과 못됨, 우리의 건강과 질병, 성공과 실패, 여러 가지 환난과 시험 등 모든 것은, 우리를 다듬으시고 사랑하시면서 사용하시는 합력하여 선을 이루시는 하나님의 은혜의 도구가 됩니다. 우리의 모든 삶의 현장의 모든 범사는 우리를 향하신 하나님의 사랑과 은혜와 축복이 됩니다. 그래서 우리는 모든 삶에서 하나님의 은혜를 발견하고 누리며 감사하고 찬양합니다. 시119:71, 롬8:28

종말론

종말론1

개인 종말

이제 종말론입니다. 성경에서는 종말을 말씀하십니다. 종말 신앙은 우리 기독교 신앙의 핵심 중에 하나입니다. 하나님께서 지으신 모든 것에 시작과 마지막을 정해 놓으셨다고 하십니다. 사람도, 만물도, 세상도, 마귀도, 귀신도 다 종말이 있습니다. 그리고 그 종말이 하루하루 다가오고 있습니다.

먼저 우리 각 사람이 맞을 개인 종말을 살펴봅시다.
모든 사람은 너나 나나 할 것 없이, 한 번 죽는 것이 정해져 있습니다. 그래서 모든 사람은 반드시 한 번은 죽습니다. 누구나 반드시 한 번은 죽습니다. 이것은 피할 수 없습니다. 남녀노소, 신분 귀천과 상관없이 똑 같습니다. 지금도 모든 사람들은 자신의 죽음을 향해 달려가고 있습니다. 그리고 그 후에는 하나님이 준비하신 준엄한 심판이 있습니다. 이것이 개인 종말입니다.

1. 빠르게 다가오고 있다

　이 개인 종말은 매일 빠르게 다가오고 있습니다. 아무리 몸부림쳐도 이 사실을 피할 수 없습니다. 모르는 척하고 살아도 이 진실이 변하지는 않습니다. 아무리 거부해도 빠르게 다가오고 있습니다. 이미 정해진 사실이고 현실입니다. 우리는 보통 살아간다고 말하고 그렇게 생각합니다. 그러나 틀렸습니다. 사실은 죽어가고 있는 것입니다. 매일 죽음을 향해 빠르게 달려가고 있을 뿐입니다. 지금 이순간도 당신의 개인 종말은 아주 빠르게 다가오고 있습니다. 히9:27

2. 준비해야 한다

　우리는 이렇게 빠르게 다가오고 있는 개인 종말, 개인 죽음을 어떻게 해야 할까요? 준비해야 합니다. 준비하면 됩니다. 왜냐하면 죽음 후에 하나님의 준엄한 심판이 기다리고 있기 때문입니다. 하나님은 우주의 왕이시자, 우리를 만드신 주인으로서 우리의 전 인생을 살펴보고 계십니다. 그리고 그 행한 대로 공정하게 심판하십니다. 하나님의 뜻인 성경을 기준으로 심판하십니다. 그리고 준비하라고 하셨습니다. 때문에 준비해야 합니다. 준비하면 됩니다. 마24:44

3. 심판은 무엇인가?

　심판은 공평하신 하나님께서 정해 놓으신 것입니다. 우리 주님 예수께서 하시는 것입니다. 일차적으로는 천국과 지옥으로 나누는 심판이 있습니다. 하나님께서 주신 성경 말씀에 따라서, 예수 믿는 사람은 영원한 천국 구원의 영생 심판을 하시고, 예수 믿지 않은 사람은 영원한 지옥 멸망에 던지게 하시는 영벌 심판을 하십니다. 둘째로는 상급 심판을 하십니다. 말씀대로 순종하며 주의 일에 충성한 착하고 충성된 사람들에게는 칭찬과 풍성한 상급을 주십니다. 불순종한 사람은 책망과 형벌을 더하시는 심판을 하시게 됩니다. 이 심판은 매우 공의롭게 이루어집니다. 그 날에는 아무도 핑계할 수 없게 됩니다. 마5:10-12

4. 그저 되는 것이 아니다

준비를 해야 합니다. 그러나 그 준비는 그저 되는 것이 아닙니다. 가만히 앉아 있어서 되는 것이 아닙니다. 하나님의 말씀인 성경을 통해서 어떻게 준비해야 하는지를 자세히 말씀해 주고 계십니다. 배워서 알아야 합니다. 그리고 그 하나님의 뜻에 따라서 순종하며 살아야 합니다. 성경을 통해서 주신 신앙의 원리와 사명을 위해서 살아야 합니다. 그래서 때로는 좁은 길, 협착한 길도 가야 합니다. 때로는 목숨도 내 놓아야 합니다. 그저 되는 것이 아닙니다. 마7:13-14

종말론 2

우주적 종말

종말에는 두 가지가 있습니다. 하나는 개인이 죽음을 맞는 개인 종말입니다. 사람은 한 번 반드시 죽고 그 후에는 하나님의 준엄한 심판을 받게 됩니다. 또 다른 하나는 예수님 재림 심판으로 전 인류와 우주 만물이 맞게 되는 우주적 종말입니다.

1. 우주적 종말

개인 종말이 개인의 마지막이라면, 우주적 종말은 전 인류와 우주 만물의 마지막을 말합니다. 지금까지 살았던 전 인류가 다 심판장이신 예수님 앞에 나와서 심판을 받는 것입니다. 또한 지금 우리가 보고 있는 모든 우주 만물이 한 순간에 사라져 없어지는 종말입니다. 순식간에 체질이 불에 녹듯이 사라질 것입니다. 처음 하늘과 처음 땅이 다 사라져 없어질 것입니다. 그리고 새 하늘과 새 땅이 열리게 되는 종말입니다. 그것이 우주적 종말입니다. 벧후3:10, 계21:1

2. 언제?

언제 이루어집니까? 우리 주 예수께서 재림하시는 그 날입니다. 예수님께서는 심판을 위해 다시 오신다고 약속하셨습니다. 그 다시 오시는 재림의 날이 심판의 날이며, 우주적 종말의 날이 되는 것입니다. 그럼 그 날과 시는 정확하게 언제입니까? 아무도 모릅니다. 예수님도 모르신다고 하십니다. 오직 아버지 하나님만 아신다고 하셨습니다. 그러나 그 날과 그 시는 정확하게 모르지만, 분명한 것은 그 날이 하루하루 다가오고 있다는 것입니다. 오늘이 그 날이 될 수도 있습니다. 마24:36, 계22:20

3. 재림의 목적

예수께서 재림하시는 목적은 무엇입니까? 심판입니다. 산 자와 죽은 자의 심판입니다. 예수 믿는 자와 믿지 않는 자의 심판입니다. 의인과 악인의 심판입니다. 천국과 지옥을 가르는 심판입니다. 많이 심은 자와 적게 심은 자의 심판입니다. 순종과 불순종의 심판입니다. 주를 위해 산 자와 자기를 위해 산 자의 심판입니다. 각 사람에게 그 행한 대로 갚으시는 심판입니다. 각 사람에게 그 일한 대로 갚으시는 심판입니다. 한 사람도 피할 수 없는 심판입니다. 그 날에는 한 사람도 피할 수 없습니다. 철저하고 공평하게 이루어질 심판입니다. 아무도 막지 못하는 심판입니다. 계20:11-21:1

4. 하나님 말씀의 성취와 새 시대 시작

예수님 재림과 심판으로 맞게 될 우주적 종말에는, 하나님의 말씀의 성취가 이루어집니다. 수많은 사람들이 불신했던 하나님의 말씀이 다 성취됩니다. 비현실적이라고 하고, 시대에 맞지 않다고 하고, 비과학적이라고 하면서 거부했던 하나님의 말씀이 일점 일획도 변함이 없이 다 성취되는 것을 보게 되는 날이 됩니다. 하나님께서 이 땅에 말씀하셨던 모든 하나님의 말씀이 예수님을 통해서 완성되고, 이제 새로운 시대의 시작이 되는 것입니다. 그리고 새 하늘과 새 땅이 열리게 됩니다. 이제 영원한 복락의 천국과 영원한 형벌의 지옥이 영원토록 계속될 것입니다. 그 날이 다가오고 있습니다. 마5:18, 계21:1-8

종말론3

종말의 예언

하나님께서 미리 말씀하신 것을 "예언"이라 하지요. 우리 하나님은 예언하시는 하나님이십니다. 하나님께서는 개인의 종말이나, 우주적 종말을 미리 말씀해 놓으셨습니다. 우리를 위해서 미리 예언해 주셨습니다. 우리에게 준비할 기회를 주시려고 미리 말씀해 주신 것입니다. 그래서 비록 그 날과 그 시는 몰라도, 미리 준비할 수 있게 하셨습니다. 하나님의 사랑과 은혜이지요.

1. 만물의 통치자 하나님

우리 하나님은 온 우주 만물을 창조하시고 다스리시고 통치하시는 신(神)이십니다. 창조주(創造主)이십니다. 사람을 포함한 이 세상의 모든 것은 하나님이 창조하신 것입니다. 그리고 하나님은 그것을 섭리하시고 통치하시고 다스리십니다. 하나님의 창조와 섭리하심이 없이 이 땅에 존재가 가능한 것은 단 하나도 없습니다. 때문에 하나님의 허락 없이는 참새 한 마리도 땅에 떨어지지 않으며, 꽃 한 송이도 지지 않습니

다. 이 땅의 모든 것의 주인은 하나님이십니다. 마10:29

2. 계획을 가지고 통치하심

하나님께서 이 온 우주 만물을 창조, 섭리, 통치하실 때 계획을 가지고 통치하십니다. 계획이 없이 무계획으로 창조하거나 통치하지 않으십니다. 그 때마다 기분 내키는 대로 창조, 통치하시지 않으십니다. 우리의 생사화복과 만물의 시작과 끝을 다 실수가 없으신 하나님이 계획과 섭리 속에서 다스리시고, 통치하시며 주장하시는 것입니다. 이 모든 것은 치밀하게 짜여져 있습니다. 사34:16

3. 예언의 말씀, 성경

하나님께서 미리 작정해 놓으신 계획과 예언을 성경에 기록하여 우리에게 주셨습니다. 성경은 하나님의 계획과 예언입니다. 성경에는 하나님께서 천지 만물을 어떻게 창조하셨으며, 어떻게 통치하시고 섭리하시며, 어떻게 다스리시고, 어떻게 마무리를 하시는지 다 기록되어 있습니다. 개인의 종말이나, 우주적 종말이 이 성경에 기록으로 예언되어 있습니다. 마24:3

4. 마지막 남은 예언

성경을 통해서 예언하신 하나님의 무수한 예언과 계획들이 이미 거의 다 이루어지고 성취되었습니다. 이제 남은 계획과 예언은 우주적 종말과 심판입니다. 하나님의 독생자 예수 그리스도께서 심판주로서 재림하셔서 모든 인류와 만물을 심판하시고 마지막 마무리 하실 종말과 심판이 이제 남은 마지막 계획이며 예언입니다. 그리고 그 마지막 종말의 날이 아주 빠르게 다가오고 있습니다. 깨어서 준비해야 합니다. 그 사람이 복이 있는 사람입니다. 계1:3

종말론4

종말의 징조

종말의 날은 언제인지 아무도 모릅니다. 아들도 모르고, 천사들도 모르고, 오직 하나님 아버지만 아신다고 하셨습니다. 그러나 그 날이 이를 때 나타나는 징조는 미리 알려 주셨습니다. 징조를 통해서 우리가 그 때를 감지하고 준비할 수 있게 하셨습니다. 우리는 그 날과 그 시를 알지 못하기에, 그 징조에는 민감해야 합니다. 그리고 그 징조를 세밀하게 살피면서 준비해야 합니다. 그 징조는 몇 가지 방면에 나타난다고 성경에 예언하셨습니다.

1. 자연계에

첫째 징조는 자연계에 나타난다고 말씀해 주셨습니다. 우리가 매일 접하는 우주 만물과 자연은 하나님께서 만드시고 통치하시는 것입니다. 그런데 그 자연계에 마지막 우주적 종말의 징조가 나타난다는 것입니다. 하나님께서 미리 보여주시는 것입니다. 자연계가 흔들릴 것이라고 하십니다. 지진과 기근, 각종 질병과 재난이 계속 일어날 것이라 하십니다. 자연계가 무너지는 것입니다. 하나님께서 처음 하늘과 처음 땅을 정리하시고, 새 하늘과 새 땅을 준비하시는 것입니다. 자연계가 무너지는 것을 보면, 더욱 깨어 준비해야 한다는 것입니다. ^{마24:6-8}

2. 이 세상과 사회에

이 세상과 사회에 징조가 나타난다고 하십니다. 이 세상과 사회가 혼란에 빠지게 된다고 하십니다. 미움과 싸움과 전쟁이 계속되고, 정치적 혼란이 온다고 합니다. 또 사회에 사랑이 식어져 사람들은 사랑을 찾아 헤매고, 도덕과 윤리가 무너지고, 사람들은 각자 제 소견에 좋은 대로 살면서, 진리에서 돌이켜 허탄한 말을 따르게 된다 하십니다. 이런 사회적 징조가 나타날수록 우리는 더욱 깨어 주님 맞을 준비해야 합니다. ^{마24:12, 딤후3:1-5}

3. 교회에

교회에도 종말의 징조는 나타난다고 하십니다. 그 대표적인 것은, 대 배교(背敎)가 일어나는 것입니다. 실제 신앙은 배신하여 경건의 모양만 있고 경건의 능력은 없으며, 거짓 예수와 적그리스도의 출현, 각종 이단과 사이비가 많아지며, 교회와 신앙을 떠나고 등지는 대대적인 하나님에 대한 배교와 배신이 일어날 것이라고 말씀하십니다. 안티 기독교가 흥왕하고, 교회 안에는 가라지와 쭉정이가 많아집니다. 멸망의 가증한 것들이 서지 못할 거룩한 곳에 서게 됩니다. 동시에 참된 성도들에 대한 핍박과 미움과 환난이 더해질 것이라 하십니다. 참된 교회와 성도들은 온 힘으로 견뎌내야 하는 때가 온다는 것입니다. 그래서 끝까지 견디는 자는 구원을 얻는다 하십니다. 이러한 징조가 보이면 더욱 깨어 준비해야 한다고 하십니다. 마24:9-13, 15, 23-25

4. 마지막 알곡 추수

또 하나의 징조가 있습니다. 이제 마지막 전도와 선교가 이루어집니다. 땅 끝까지 복음이 전파됩니다. 돌아와야 할 마지막 알곡들이 돌아오게 됩니다. 배교와 핍박 속에서도 선교는 계속되며, 극심한 환난과 핍박 속에서도 돌아와야 할 알곡들이 돌아와 마지막 추수와 구원이 이루어지게 됩니다. 그 때 예수님께서 천사장의 호령과 하늘의 나팔 소리와 함께 재림하십니다. 오셔서 마지막 천국과 지옥의 심판으로 인류와 처음 세상을 끝내시고, 새 하늘과 새 땅을 여시는 것입니다. 그리고 각 사람의 행한 대로 갚으십니다. 할렐루야! 마24:31

종말론5

*

재림의 모습

먼저 일어날 징조 후에 예수님의 재림이 임합니다. 예수님께서 재림하실 때는 대단하게 임하십니다. 온 우주와 전 세계 만물, 모든 만민이 모두 그 앞에 서야 합니다. 그 날은 우리의 상상을 초월한 날이 될 것입니다. 우리가 아무리 상상해도 그 날의 영광과 위대한 광경을 다 그려보지 못할 것입니다. 다만 성경을 통해서 우리가 살펴볼 수 있습니다.

1. 공중 재림

공중(空中) 재림입니다. 예수님의 재림은 공중 재림입니다. 성경에 말씀하신 대로 하늘로부터 내려오십니다. 구름 타고 오십니다. 예수님이 여기 있다, 저기 있다 할 수 없습니다. 천군 천사들의 호위를 받으시면서 하늘로부터 강림하십니다. 천사장의 호령과 천사들의 나팔소리가 우렁차게 울려 퍼지는, 최고의 권세와 권위로 구름타시고 공중으로부터 재림하십니다. 우리는 공중으로 들어 올리게 됩니다. 살전4:16

2. 돌발적 재림

돌발적(突發的) 재림입니다. 예수님의 재림은 돌발적 재림입니다. 불시(不時)적 재림입니다. 갑자기 오십니다. 졸지에 예수님의 재림을 보게 될 것입니다. 미리 준비하지 않은 사람들에게는 정말 졸지에, 갑자기, 황망하게 그 날을 당하게 될 것입니다. 그러나 예비한 사람들은 기쁨과 감격과 즐거움과 잔치로 주님을 맞이하게 될 것입니다. 아무도 피하지 못할 것입니다. 살전5:3

3. 가시적 재림

가시적(可視的) 재림입니다. 예수님의 재림은 가시적 재림입니다. 모든 사람이 보게 오십니다. 은밀하게 오시지 않습니다. 숨어서 오시지 않으십니다. 믿는 자나 믿지 않는 자나, 남녀노소, 신분 귀천과 상관없이 모든 사람이 두 눈으로 똑똑히 보이게 오십니다. 온 세상 이 끝에서 저 끝까지의 모든 사람들이 보게 될 것입니다. 예수님을 찌른 자도 볼 것입니다. 교회와 성도들을 핍박했던 자들도 보게 될 것입니다. 아무도 피하지 못합니다. 때문에 예수님이 이미 여기 왔다, 저기 왔다 하는 말들은 다 거짓입니다. 계1:7, 막13:21

4. 권세적 재림

권세적(權勢的) 재림입니다. 예수님의 재림은 권세적 재림입니다. 하늘과 땅의 모든 권세를 가지신 절대 주권의 왕으로서, 심판장으로서 오시는 재림입니다. 모든 사람들과, 마귀와 귀신들까지 심판하실 절대 주권과 권세를 가지고 오셔서 심판하시는 재림입니다. 아무도 그 앞에

서 피하지 못합니다. 절대적 권세와 권위, 그 앞에 다 서야 합니다. 마 24:30-31

5. 단회적 재림

단회적(單回的) 재림입니다. 예수님의 재림은 단회적 재림입니다. 단 한 번 오십니다. 두 번 오시지 않습니다. 두 번 오실 필요가 없습니다. 세 번 재판이 필요하지 않습니다. 완전하신 심판주로서 실수가 없기 때문입니다. 단 한 번으로 심판하시고, 상급과 징벌을 결정하시고, 천국과 지옥으로 보낼 것입니다. 단 한 번이면 충분합니다. 기회는 단 한 번입니다. 마16:27

종말론6

재림의 목적

예수님의 재림은 그 목적이 있습니다. 하나님의 하신 모든 일은 창조부터 마지막 종말까지 목적이 분명하게 있습니다. 마지막 종말, 예수님의 재림에도 선명한 목적이 있고, 그 목적을 위해 재림하셔서 그 목적을 성취하십니다.

1. 최후 심판

최후 심판을 위해 재림하십니다. 예수님의 재림의 목적은 최후 심판입니다. 공의로운 재판관으로 오셔서 전 인류가 그동안 하나님 앞에서 살았던 인생을 최후 심판하시기 위해서 오십니다. 각 사람이 그 일생동안 하나님 앞에서 행했던 모든 인생을 그 행한 대로 심판하시기 위해서 오시는 것입니다. 신자와 불신자를 심판하시고, 천국과 지옥, 상급과 징벌의 마지막 최후 심판을 하실 것입니다. 공의롭고 정의로우신 주님께서는 이 최후 심판을 꼭 하셔야 합니다. 계22:11-12

2. 성도의 완전한 회복

성도들의 완전한 회복을 위해서 재림하십니다. 예수 믿는 성도들, 하나님의 백성들, 주를 위해 살고 주를 위해 죽는 알곡 신자들, 그들의 완전한 회복을 위해서 오셔서 심판하십니다. 이 죄악 된 세상에서 성도들은 신앙과 믿음을 지키기 쉽지 않았습니다. 주님이 주신 사명을 감당하고 완수하는 것이 쉽지 않습니다. 핍박과 눈물 속에서 신앙을 지키고 사명을 감당했습니다. 때로는 모진 모욕과 환난을 당해야 했습니다. 그러나 이제 주님이 다시 오셔서 그 모든 눈물을 닦으시고, 면류관을 씌워주시며 그 영광을 완전히 회복시키십니다. 이를 위하여 주님은 다시 오시는 것입니다. 사25:8, 계21:4

3. 악인의 영원한 징벌

악인들을 영원히 징벌하시기 위해서 재림하십니다. 자신을 지으신 창조주 하나님을 거부하고, 불순종하며, 주님의 교회와 성도들을 핍박했던 악인들을 징벌하시기 위해서 재림하십니다. 의롭고 거룩하신 하나님은 악인들의 그 모든 행위들을 반드시 심판하셔야 하십니다. 그동안 하지 않으셨던 심판도 마지막에는 하십니다. 교회와 성도들을 비난하고 핍박했던 악인들, 하나님을 조롱하고 대적했던 악인들, 예수 믿지 않고 회개할 줄 몰랐던 악인들, 안티 기독교인들, 배교자들을 그 행한 대로 진노와 형벌로 그 날 최후 심판을 하십니다. 영원한 지옥 형벌에 처넣으실 것입니다. 이 목적을 위해서 반드시 재림하십니다. 계21:8

4. 하나님의 말씀의 완전 성취

하나님의 말씀, 즉 성경을 완전히 성취하시기 위해서 재림하십니다. 수많은 사람들이 성경을 믿지 않습니다. 성경이 시대에 뒤떨어진다고 합니다. 성경이 현실적인 것이 아니라고 합니다. 성경을 조롱합니다. 성경을 비난합니다. 성경대로 사는 사람들을 비웃습니다. 그러나 예수님의 재림으로 하나님의 말씀인 성경을 완전히 성취하십니다. 하나님의 말씀인 성경이 변치 않는 영원한 진리라는 것을 증명하십니다. 하나님의 말씀인 성경이 지극히 현실적인 것이고, 성경대로 사는 사람들이 어리석은 것이 아니라 지혜로웠음을 증명하십니다. 예수님의 재림으로 성경의 일점 일획도 없어지지 않고 그대로 성취되는 것을 선명하게 보여 주실 것입니다. 마5:18-19

5. 미래 영원한 새 시대의 시작

영원한 새 시대의 시작을 위해서 재림하십니다. 예수님의 재림으로 처음 하늘과 처음 세상을 다 끝내시고, 이제 미래의 영원한 새 하늘과 새 땅의 새 시대를 시작하십니다. 영원한 천국과 지옥의 새 시대가 시작됩니다. 이 최후 심판으로 이전 것은 다 끝내고 새로운 것으로 새로 시작되는 것입니다. 이제 다시 돌이킬 수 없습니다. 그 날 영원한 지옥 유황불에 들어가면서 후회해도 소용이 없고, 통곡해도 소용이 없습니다. 회개의 기회도 다시 없습니다. 영원토록 거기서 살 것입니다. 기뻐하는 자 영원히 기뻐하고, 슬피 울며 이를 가는 자 영원히 슬피 울며 이를 갈 것입니다. 주님의 재림 전에 회개할 자 회개하고, 바르게 신앙생활 할 자 바르게 신앙생활 해야 합니다. 계21:1-8

종말론7

★

최후 심판의 양상

예수님이 재림 하셔서 최후 심판을 하실 때, 최후 심판의 모습은 어떤 모습일까요? 그 최후 심판을 어떻게 진행하실까요? 우리는 미리 예언된 하나님의 말씀인 성경을 통해서 그 모습을 미리 알 수 있습니다.

1. 심판장

심판장은 예수님이십니다. 그 날 심판대에 앉아 심판하실 심판장은 우리 주 예수님이십니다. 하나님의 아들로서, 만왕의 왕으로서, 구속주로서, 교회의 주인이시며 머리로서, 예수께서 심판장이 되셔서 심판대에 앉으십니다. 하나님 아버지께서 모든 심판의 권세를 아들에게 주셨습니다. 주님이 심판을 하시게 될 것입니다. 마28:18, 계1:7

2. 보조자

보조자는 천사들입니다. 곁에서 심판을 보조할 자들은 천사들입니다. 천사장의 나팔소리와 함께 천사들의 호위를 받으시며 천국에서 지상으로 재림하십니다. 천사들을 보내어 모든 심판의 대상자들을 심판대 앞에 끌어오게 할 것입니다. 심판의 선고대로 천사들이 천국에 들어갈 천국 백성들은 천국으로 안내할 것이며, 지옥에 형벌을 받을 자들은 지옥으로 데려가 지옥에 처넣을 것입니다. 천사를 제외한 다른 모든 사람과 마귀과 귀신들은 심판의 대상이 됩니다. ^{마24:31}

3. 심판의 대상

그 날 심판받는 대상은 모든 사람과 마귀와 귀신들입니다. 첫째는 예수 믿는 성도들입니다. 모든 성도들이 심판을 받게 됩니다. 이 심판은 하나님의 나라로 들어가는 영생의 심판입니다. 둘째는 예수 믿지 않는 불신자들입니다. 예수 믿지 않은 사람들은 영원한 지옥 유황불에 처넣어지는 심판을 받게 됩니다. 이 심판은 영벌의 심판입니다. 그리고 심판은 철저하게 한 사람씩 각자 행한 대로 심판을 받게 될 것입니다. 셋째는 마귀와 마귀를 따르던 귀신들이 심판을 받게 될 것입니다. 이 마귀와 귀신들은 영원한 무저갱에 처넣어질 것입니다. 아무도 피할 수 없습니다. ^{사3:10-11, 눅8:30-31}

4. 심판의 시기

심판의 시기는 재림하시는 그 날, 심판이 시작됩니다. 우리 주 예수께서는 재림 하셔서 바로 그 날 심판을 시작하십니다. 더 이상 뒤로 미루시지 않습니다. 더 기회를 주지 않습니다. 더 기다리시지 않으십니다. 바로 심판을 하게 됩니다. 이미 준비를 다 마치셨습니다. 그 날 심판을 위해서 재림하시는 것입니다. ^{마25:31-33}

5. 심판의 기준

그 날 심판을 하실 때, 심판의 기준, 그 표준은 무엇일까요? 그것은 오직 하나, 하나님의 말씀인 성경입니다. 오직 성경대로 심판하십니다. 이 세상의 신분 귀천이 아닙니다. 이 세상의 도덕 윤리도 아닙니다. 오직 그 성경을 행한 대로 심판하십니다. 각자가 그 말씀을 행한 대로 심판하신다고 말씀하십니다. 오직 성경을 기준으로 그 믿음도, 신앙도, 삶도 판단하십니다. 때문에 성경을 벗어난 어떤 믿음도, 신앙도, 행위도 그 날에는 용서되지 않습니다. 오직 성경대로 믿은 믿음, 신앙, 행함만이 잘했다 칭찬을 받게 됩니다. 계22:18-20, 마7:21-23

종말론8

심판 후의 상태

예수님이 최후 심판을 하신 후의 영원한 상태는 어떻게 될까요? 믿는 성도와 믿지 않은 불신자의 최후 상태는 어떨까요? 의인과 죄인의 마지막 최후 상태는 현저하게 다른 상태에 놓이게 됩니다.

1. 의인의 최후 상태

끝까지 신앙을 지킨 의인들은 하나님의 나라, 천국에 들어가 주님과 함께 영생 복락을 영원토록 누리게 됩니다. 그 모진 핍박과 환난 속에서도 오직 주님을 믿음으로 신앙을 지키고 승리한 의인들은 하나님 나라 천국에서 영생 복락을 얻어 누리게 됩니다. 그곳은 다시 눈물이 없고, 고통이 없으며, 근심, 걱정, 두려움, 염려가 없는 곳입니다. 싸움도 없고, 다툼도 없고, 해함도 없습니다. 오직 영원토록 하나님과 함께 사는 곳입니다. 영원 무궁하도록 하나님의 자비와 사랑과 은혜만 넘치게 있는 곳입니다. 그 모든 것을 마음껏 누리며 사는 정말 행복한 곳입니다. 계21:3-7

2. 누가 의인

누가 천국에 들어가는 의인입니까? 예수 믿은 사람들입니다. 우리의 죄악은 오직 예수님의 피로만 씻을 수 있고, 오직 예수 믿는 믿음이 그 피로 씻게 합니다. 때문에 오직 예수 믿은 사람만 의인이 되고, 천국에 들어갈 수 있는 것입니다. 다른 길은 없습니다. 이 세상의 도덕 윤리와 선행이 아닙니다. 오직 예수 믿는 믿음으로 산 사람들입니다. 오직 예수 믿어야 합니다. 다른 방법은 없습니다. 요3:16, 요14:6, 히10:38

3. 악인의 최후 상태

악인의 최후 상태는 지옥에 떨어진 상태가 됩니다. 예수께서 악인들, 죄인들을 위해서 만들어 놓으신 곳이 바로 지옥입니다. 그 예비하신 지옥에 저들을 보내십니다. 지옥의 영원한 형벌을 받게 되는 곳입니다. 지옥은 영원토록 불과 유황이 불타는 곳입니다. 그 유황 불 속에서 영원토록 고통 받으며 살게 됩니다. 그곳에서 영원토록 슬피 울며 이를 갈며 살게 됩니다. 이 세상에서 아무리 지옥 같은 곳이 있다 할지라도, 지옥에 비하면 천국 같습니다. 악인의 최후는 끔찍합니다. 막9:47-49, 마25:30

4. 악인은 누구

지옥에 들어가는 악인과 죄인들은 누구입니까? 예수 믿지 않은 불신자들입니다. 구원자 예수 그리스도를 거부하고 믿지 않은 자들입니다. 십자가의 복음을 거부하고 믿지 않은 자들입니다. 예수님의 피로 자기 죄를 씻지 못한 자들입니다. 예수를 믿으라 할 때 거부하고 거절

했던 사람들입니다. 구원의 기회가 지나간 사람들입니다. 계21:8, 계20:10

5. 지옥은 어떤 곳

　지옥은 어떤 곳입니까? 지옥은 영원토록 죄에 대한 형벌을 받는 곳입니다. 이 땅에 살면서 범했던 모든 죄악에 대한 형벌을 끔찍하게 다 받는 곳입니다. 그 저주와 형벌을 영원토록 받게 되는 곳입니다. 그곳은 하나님의 자비가 끊긴 곳입니다. 하나님의 사랑이 단절된 곳입니다. 그저 자신의 죄악을 원망하면서 영원토록 슬프게 울며 이를 갈아야 하는 곳입니다. 무엇보다도 무서운 사실은 다시 기회가 없는 곳입니다. 이곳에 가기 전에 회개하고 예수 믿어야 합니다. 계20:14, 마13:49-50

종말론9

종말에 조심할 일

예수님의 재림이 임박한 종말에 우리는 무엇을 조심해야 합니까? 그것은 거짓입니다. 거짓에 속음입니다. 그리고 영적인 무감각과 무지입니다. 무지와 거짓에 속아서 준비하지 못함입니다. 그래서 종말에는 더욱 깨어 있어야 합니다. 거짓을 조심해야 합니다. 어떤 거짓입니까?

1. 거짓 평안

거짓 평안입니다. 종말이 될수록 거짓 평안에 속게 됩니다. 분명히 평안하지 않습니다. 온통 불안입니다. 그럼에도 불구하고 마귀는 평안하다고 거짓말로 속입니다. 그리고 많은 사람들이 그 거짓에 속습니다. 그래서 그 거짓 평안 속에서 살다가 졸지에 멸망 당하게 됩니다. 지금도 수많은 사람들이 이 거짓 평안에 속아 살고 있습니다. 살전5:3

2. 거짓 인생

거짓 인생입니다. 거짓 인생에 속습니다. 어리석은 부자는 자신의 인생이 성공적인 인생이라 생각했습니다. 이제 더 이상 부러울 것이 없다고 생각했습니다. 자신의 인생은 영원토록 안정적이라 생각했습니다. 재물만 많으면, 창고만 더 지으면 인생이 든든하다고 여겼습니다. 그러나 그렇지 못했습니다. 그날 밤 그는 하나님의 심판대 앞에 서야 했고, 하나님께 부요하지 못했던 지극히 어리석은 인생이었다는 하나님의 심판을 받게 됩니다. 거짓 인생이었습니다. 거짓 인생을 산 것입니다. 속은 것입니다. 조심해야 합니다. 지금도 수많은 사람들이 이 거짓 인생에 속아 살고 있습니다. 눅12:16-21

3. 거짓 신앙

거짓 신앙입니다. 마태복음 7장에 나와 있는 사람들은, 평생 주여 주여 하면서 살았습니다. 교회에서 봉사하면서 살았습니다. 어떤 사람들은 평생 교회를 떠난 적이 없습니다. 자신이 좋은 신앙인 줄 알았습니다. 마지막에 주님에게 쫓겨날 줄 전혀 몰랐습니다. 그러나 마지막에 주님은 "내가 너희를 모르겠다"고 선언하십니다. 그리고 쫓겨납니다. 마지막에 깨달았지만 늦었습니다. 주여 주여가 다가 아닙니다. 수많은 사람들이 주여! 주여! 하지만 다 천국에 들어가는 것은 아닙니다. 하나님의 뜻을 벗어난 불법은 소용이 없습니다. 불법의 주여! 주여!, 불순종의 주여! 주여!는 오히려 가증스러운 신앙에 불과한 것입니다. 결국 쫓겨납니다. 조심해야 합니다. 지금도 적지 않은 사람들이 이 거짓 신앙에 속아서 살고 있습니다. 마7:21-23

4. 거짓 스승

거짓 스승입니다. 거짓 스승들이 있습니다. 교회 안과 밖의 수많은 거짓 스승들이 진리에서 돌이켜 허탄한 이야기를 좇게 합니다. 예수를 믿지 못하게 하는 불신, 하나님의 말씀을 배우지 못하게 하는 무학(無學), 하나님의 뜻을 제대로 알지 못하게 하는 무지를 갖게 합니다. 그것이 결국 영원한 징벌과 불행이 됩니다. 마지막 종말의 현상 중에 하나가 진리에서 돌이켜 허탄한 이야기를 따르는 것입니다. 경건의 모양만 있고 경건의 능력은 없는 것입니다. 거짓 스승들 때문입니다. 조심해야 합니다. 결국 지식이 없어서 망하게 됩니다. 롬1:21-23, 딤후3;1-5, 호4:6

5. 거짓 기쁨

거짓 기쁨입니다. 마지막 종말에는 마귀가 다양한 영적 환각제들을 만들어 제공합니다. 그 영적 환각제들은 거짓 기쁨을 줍니다. 즐거운 것 같지만, 진정한 기쁨은 아닙니다. 잠시 기쁨인 것 같지만, 영원한 기쁨이 되지 못하는 거짓입니다. 수많은 사람들이 그 환각제의 거짓 기쁨과 즐거움에 빠지고 중독되어서 영적으로 병들고, 무감각해지고, 게을러지고, 타락하고, 성경의 정도(正道)에서 벗어나 신앙의 본질을 떠나 살게 됩니다. 알맹이 없는 껍질만 남는 쭉정이가 됩니다. 그 결과는 매우 무섭습니다. 조심해야 합니다. 눅17:27-30, 요10:10

종말론10

종말에 준비할 일

종말은 우리 주님 예수께서 다시 오시는 재림하시는 날입니다. 종말에는 어떻게 살아야 할까요? 준비해야 합니다. 우리는 잘 준비해야 합니다. 잘 준비하면 행복하게 사랑하는 주님을 맞을 수 있습니다. 그렇지 않으면 낭패를 당하게 됩니다. 무엇을 준비해야 합니까?

1. 깨어 있음

깨어 있어야 합니다. 우리 주님께서는 마지막 종말에 깨어 있으라고 하십니다. 정신을 바짝 차리고 있으라 하십니다. 그 날과 시를 아무도 모르니, 언제 주님 오실지 모르니, 항상 깨어 준비하고 있어야 한다는 말입니다. 깨어 있어야 합니다. 깨어 있음은 분별함입니다. 시대를 분별하고, 상황을 분별하고, 신앙을 분별하고, 자신을 분별하면서 깨어 있어야 합니다. 마25:13

2. 거룩

　더욱 거룩해야 합니다. 더욱 성화(聖化)되어야 합니다. 예수님 재림하실 때, 우리는 깨끗하고 거룩한 모습으로 준비하고 있어야 합니다. 우리는 신랑되신 예수님을 맞이하는 거룩한 신부입니다. 깨끗하고 정결하게 정조를 지킨 거룩한 신부여야 합니다. 세상은 더 타락하고 부패하지만, 우리는 오히려 더 거룩하고 깨끗해야 합니다. 거룩으로 준비해야 합니다. 히12:14

3. 순종

　순종입니다. 주님의 명령대로 살고 있어야 합니다. 순종하고 있어야 합니다. 주님은 행한 대로 갚으리라고 하셨습니다. "행함"이란 주신 말씀대로 그대로 행함을 말합니다. 순종함을 말합니다. 아무리 주여 주여 해도 말씀을 떠난 불법이면 순종이 아닙니다. 쫓겨납니다. 우리는 누가 뭐라 해도 오직 순종하고 있어야 합니다. 우리는 말씀대로 살고 있다가 주님을 맞이해야 합니다. 행함이 없는 믿음은 죽은 믿음입니다. 가짜 믿음입니다. 죽은 믿음, 가짜 믿음으로 주님을 맞을 수 없습니다. 약2:17-26

4. 열매

　우리는 열매로 준비해야 합니다. 우리 주님께서는 열매 맺지 않는 나무는 찍어 불에 던지신다고 하셨습니다. 우리 주님은 열매를 기대하십니다. 우리는 거룩한 열매를 맺어야 합니다. 하나님의 영광이 되는 열매를 맺어야 합니다. 더러운 열매를 맺지 말아야 합니다. 또한 우리는 더 많은 생명 열매를 맺어 드려야 합니다. 주님은 30, 60, 100배의 열매를 요구하셨습니다. 또한 작은 자 하나가 천을 이루고, 약한 자 하나가 강국을 이룰 것도 말씀하셨습니다. 더 많은 열매를 맺을수록 주님은 더 기뻐하실 것입니다. 열매로 준비해야 합니다. 우리 주님은 열매로 그를 안다고 하셨습니다. 마7:20

5. 사명

사명을 완수하는 것입니다. 주님은 우리에게 사명을 주셨고, 우리는 사명을 받았습니다. 우리는 사명자들입니다. 주님이 재림하시는 그 마지막 날에 어디에서 무엇을 하고 있느냐는 매우 중요합니다. 그 날, 그 시간에 주님이 주신 사명을 감당하고 있는 사람이 가장 복된 사람입니다. 주님께서 잘했다고 칭찬하실 착하고 충성된 종은, 주님 오시는 그 날까지 사명을 맡은 그 사명지(使命地)에서 그 사명에 충성을 다하고 있는 사람입니다. 주님이 오시는 날, 사명지(使命地)를 벗어나 있는 것은 가장 큰 불행입니다. 마지막은 그 사명지(使命地)에 있어야 합니다. 그것이 최고의 준비입니다. 마라나타! 행1:7-8, 눅12:42-44

6. 기다림

준비하여 기다림입니다. 주님의 재림을 간절히 소망하면서 기다리는 것입니다. 마치 신부가 신랑을 애타게 기다림 같이, 사랑하는 주님의 다시 오심과 심판의 그 날을 잘 준비하여 기다리는 것입니다. 그 기다림이 클수록 주님을 만나는 만남의 기쁨과 감격은 더 커질 것입니다. 올바른 교회와 성도는 이 날을 간절히 기다립니다. 빌3:20, 계22:20

기독교 교리 이야기

초판 1쇄 발행 2024년 6월 1일
개정판 발행 2025년 9월 1일

지은이 이광호

펴낸이 한정숙
펴낸곳 선한청지기
등록 제313-2003-000358호
주소 서울특별시 마포구 동교로12길 41-13(서교동)
전화 02)322-2434
팩스 02)322-2083
이메일 kukminpub@hanmail.net

기독교 총판 생명의 말씀사

ⓒ 선한청지기, 2024
ISBN 979-11-87022-45-9 (03230)

※ 이 책은 저작권법에 따라 보호받는 저작물이므로 무단전재와 무단복제를 금지하며,
이 책의 전부 또는 일부를 이용하려면 국민출판사의 서면 동의를 받아야 합니다.
※ 잘못된 책은 구입한 서점에서 교환하여 드립니다.